AUSGEWÄHLTE TEXTE

Herausgegeben von
Hans Christian Meiser

RAMA KRISHNA

GOLDMANN VERLAG

Made in Germany · 10/86 · 1. Auflage
© der Originalausgabe 1986 beim Wilhelm Goldmann Verlag, München
Umschlaggestaltung: Design Team München
Umschlagillustration: Design Team München
Satz: Filmsatz Schröter GmbH, München
Druck: Presse-Druck Augsburg
Verlagsnummer: 8437
Lektorat: Sybille Terrahe
Herstellung: Gisela Ernst
ISBN 3-442-08437-7

Inhalt

Vorwort 7

Worte Ramakrishnas

Botschaft der Hoffnung 13
Gebete 16
Bhakti – Frömmigkeit-Hingabe 17
Jnana – Weisheit 25
Anweisungen an Familienväter 33
Gottberauschter Zustand 57

Die Begegnung mit Vivekananda 105

Worte Vivekanandas

Praktischer Vedanta, I. Teil 129
Praktischer Vedanta, II. Teil 156
Praktischer Vedanta, III. Teil 184
Praktischer Vedanta, IV. Teil 204

ANHANG
Romain Rolland:
Die Physiologie der indischen Askese 235
Die sieben Täler der Meditation 243

Glossar 247
Bibliographische Notiz 254

Ex oriente lux

Vorwort

Als im Jahr 1858 die Regierung Indiens an die Krone Englands übergeht, ist Ramakrishna zweiundzwanzig Jahre alt. Als Sohn einer berühmten *Brahmanen*familie (Priesterkaste, höchste Kaste innerhalb der indischen Gesellschaftsordnung) tritt Ramakrishna, der eigentlich *Gadadhar* heißt, nach dem Studium der Heiligen Schriften Indiens (der *Veden*, der *Upanishaden* und *Puranas*) und nach Unterweisungen und Übungen in Meditation, also nach einer klassischen Brahmanenerziehung, als Gehilfe eines Priesters in den Tempel der Göttin *Kali* in *Dakshineswar* ein. Drei Jahre später ist er Familienpriester der Stifterin dieses Tempels, der Fürstin *Rani Rash Mani*. Die Tempel dieser Zeit sind innen wie außen überaus prunkvoll gestaltet – Symbol des Dankes an die Gottheit. Ramakrishna jedoch mißbilligt – ähnlich wie Jesus – diese Form der Gottesverehrung. Er sucht den geistigen Reichtum anstelle des irdischen, weltlichen und entschließt sich daher zur Enthaltsamkeit. Er bemüht sich um die fünf *yamas* (allgemeine Selbstdisziplin), die einen vollkommenen Hindu-Mönch ausmachen: *satya* (Weisheit), *ahimsa* (Gewaltlosigkeit, Liebe), *bramacharya* (sexuelle Enthaltsamkeit), *aparigraha* (Verzicht auf bindenden Besitz) und *askya*

(Verzicht auf Besitznahme) und erhofft sich im vollständigen Bemühen darum religiöse Mündigkeit gegenüber sozialen Normen. Auf Grund dieser Tatsache versucht Ramakrishna nun, die Gottesdienste zu vereinfachen, an Stelle des Prunkes die wirkliche spirituelle Erfahrung zu setzen, was ihm zunächst vielfache Anfeindung entgegenbringt. Trotz seiner Heirat mit *Sarada* (»Lust der Welt«) bleibt er seinem Enthaltsamkeitsgelübde treu. Seine Frau hilft ihm (ähnlich wie bei Gandhi) unter Verzicht auf Gemeinsamkeiten, den Pfad der Erleuchtung weiter zu beschreiten. Als Ramakrishna im Alter von dreißig Jahren seine erste Erleuchtung vor der »Großen Mutter«, der Göttin *Kali* zuteil wird, verbreitet sich diese Kunde rasch, und er schart einen Kreis von Schülern um sich, die sich in den spirituellen Übungen von ihm unterweisen lassen wollen. Darunter befindet sich auch *Narendranath Datta*, ein junger Intellektueller aus einer *Khsatrya*familie (Kriegerkaste, zweite Kaste der Hindu-Gesellschaft), der zum Lieblingsschüler Ramakrishnas wird und später unter dem Namen *Swami Vivekananda* (»Swami« heißt »Herr«, Bezeichnung für Mönche der *Vedanta*-Schule) die Botschaft Ramakrishnas einer universellen Religion in alle Welt tragen wird. Aus diesem Grunde schließen in diesem Buch an die Worte Ramakrishnas und die Darstellung der Begegnung mit seinem späteren Lieblingsschüler die Worte Vivekanandas selbst, und zwar in einem Aufweis des »Praktischen *Vedanta*« (Vedanta ist die Quintessenz der *Veden*, der heiligsten Hinduschrift) und deren Umsetzung in den täglichen Bereich des Lebens. Dieser »Praktische Vedanta« stellt überdies eine gemeinverständliche Einführung in die Gedankenwelt Indiens dar. Die Kapitel »Anweisungen für Familienväter« und »Gottberauschter Zustand« geben tagebuchartig die Aufzeichnungen des Ramakrishnaschülers *Mahendranath Gupta* wieder, der unter dem Deckzeichen »M« 1882 zu dem Schülerkreis gestoßen war und das Buch »The Gospel of Sri Ramakrishna« – »Das Evangelium des Ramakrishna« verfaßte, ein aufschlußreiches Werk über die tägliche Lebenspraxis dieser Gott-Suchenden. Die im Anhang angeführten Überlegungen von Romain Rolland (1866–1944) bieten noch einmal zusammengefaßt eine Einführung in die spirituelle Praxis des Meditierens wie der Askese.

Als Ramakrishna am 15. August 1886 infolge eines Halskrebses gestorben war, gründete Vivekananda die Ramakrishnamission zur Verbreitung der Ideen des Meisters in Indien und im Abendland – während England zur gleichen Zeit nach langen Kämpfen in Hinterindien den Staat Birma eroberte. Die Idee einer Universalreligion, eines friedvollen Zusammenlebens der Völker, war für Ramakrishna und seine Schüler die Antwort auf Krieg und Vernichtung, die geistig-spirituelle Möglichkeitsbedingung dazu aber war, konsequent den Pfad der Erleuchtung, den Weg zur geistigen Vollkommenheit zu gehen. Aus diesem Grund schrieb *Mahatma Gandhi* (1869–1948), der Indien nach

fast hundertjähriger Unterdrückung und Vorherr-
schaft Englands durch den »gewaltlosen Widerstand«
(wir erinnern uns: *ahimsa* – eines der fünf Hindu-
Gelübde) befreite: »Die Lebensgeschichte des Ramakrishna Paramahansa ist die der gelebten Religion.
Sein Leben ermöglicht es uns, Gott von Angesicht zu
Angesicht zu sehen. Niemand kann diese Geschichte
lesen, ohne die Überzeugung zu gewinnen, daß Gott
allein wirklich und alles andere Trug ist. Ramakrishna
war eine lebendige Inkarnation von *Godliness* (Frömmigkeit, Gottesfurcht, Anm. d. Hrsg.). Seine Worte
sind nicht einfach die Worte eines bloß gelehrten Mannes; es sind Worte aus dem Buche des Lebens; es sind
Enthüllungen seiner eigenen Erfahrungen. Infolgedes-
sen hinterlassen sie beim Leser einen Eindruck, dem er
sich nicht zu entziehen vermag. In unserer skeptischen
Epoche steht Ramakrishna als Beispiel strahlender,
lebendiger Glaubensinbrunst da und stärkt damit Tausende von Männern und Frauen, die sonst ohne inneres Licht geblieben wären. Das Leben des Ramakrishna
bietet einen Anschauungsunterricht in *ahimsa* (Gewaltlosigkeit). Seine Liebe kannte keine geographischen
oder sonstigen Grenzen. Möge seine Gottesliebe alle
inspirieren, welche dieses Buch lesen werden!«*

Der Herausgeber

* Gandhi schrieb diesen Text als Vorrede zu dem von Swami Mad-
havananda herausgegebenen Lebensbericht Ramakrishnas: »Life
of Ramakrishna«, Mayavati, Almora, Himalayas, 1925 (Himalaya
Series, Nr. XLVII)

WORTE
RAMAKRISHNAS

Botschaft der Hoffnung

Wahrlich, wahrlich, ich sage euch, daß, wer sich nach Ihm sehnt, Ihn finden wird. Gehe hin und bewahrheite das in deinem eigenen Leben; versuche es für drei aufeinanderfolgende Tage, und du bist des Erfolges sicher. Der findet Gott am schnellsten, dessen Verlangen und Konzentration am größten sind.

Der Onkel Mond ist der Onkel aller Kinder, so gehört auch Gott einem jeden. Alle haben das Recht nach dem Herrn zu rufen. Wer immer nach Ihm ruft, wird dadurch gesegnet, daß er Ihn verwirklicht. Rufst du nach Ihm, kannst auch du Ihn verwirklichen.

Ein Streichholz, in einem dunklen Raum entzündet, läßt sogleich die seit Jahrhunderten angesammelte Dunkelheit verschwinden. Ebenso wäscht ein einziger gnadenvoller Blick des Herrn die angehäuften Sünden zahlloser Geburten ab.

Der Hauch Seiner Gnade umschwebt Tag und Nacht dein Haupt. Entfalte die Segel deines Geistes, wenn du auf dem Ozean des Lebens schnelle Fortschritte machen willst.

Singe den süßen Namen *Haris* (Gottes) morgens und abends und schlage deine Hände die ganze Zeit zusammen; all deine Sünden und Schmerzen werden dich dann verlassen. Wenn du unter einem Baum stehst und die Hände zusammenschlägst, werden die Vögel, die sich auf ihm niedergelassen haben, davonfliegen. Ebenso werden die Vögel der bösen Gedanken vom Baum deines Körpers davonfliegen, wenn du immer den Namen *Hari* singst und deine Hände dabei zusammenschlägst.

Es ist die Natur des Kindes, sich mit Erde und Lehm zu beschmutzen, aber seine Eltern erlauben ihm nicht, schmutzig zu bleiben. Gleicherweise wie befleckt ein Mensch durch die Anziehung der Welt der Erscheinungen, in der er lebt, auch werden mag, der Herr wird Mittel zu seiner Reinigung schaffen.

Wie die Morgenröte dem Sonnenaufgang vorausgeht, so gehen Selbstlosigkeit, Reinheit und Rechtlichkeit der Ankunft des Herrn voraus.

Wie ein König den Vizekönig schickt, wenn in einer fernen Provinz Unruhen ausbrechen, um sie zu erstikken, so sendet Gott Seinen *Avatara*, wenn in irgendeinem Teil der Welt die Religion in Verfall ist.

In diesem Eisernen Zeitalter *(Kali Yuga)* genügen drei Tage, um einen Menschen vollkommen zu machen.

Wer Glauben hat, hat alles, und wem der Glaube mangelt, dem mangelt alles. Der Glaube in den Namen des Herrn ist es, der Wunder wirkt, denn Glaube ist Leben; Zweifel ist Tod.

Der Grundherr mag noch so reich sein, bringt ihm aber ein armer Pächter mit liebendem Herzen ein bescheide-

nes Geschenk, nimmt er es mit der allergrößten Freude
entgegen. So nimmt auch der Allmächtige Gott, ob-
wohl er so groß und gewaltig ist, das bescheidenste
Opfer eines ernsthaften Herzens mit großer Freude
und Güte an.

Einem Oberen um der Sache Gottes willen ungehorsam sein, ist keine Sünde. Bharata war um Rama's
willen Kaikeyi ungehorsam. Um Krishna zu sehen,
waren die Gopis ihren Gatten ungehorsam, und Prah-
lada verweigerte seinem Vater um der Sache Gottes
willen den Gehorsam.

Neige dein Haupt, wo andere es neigen. Verehrung
bleibt niemals unbelohnt. Wo so viele Herzen den Tri-
but der Verehrung gezollt haben, wird der freundliche
Herr Sich manifestieren, denn Er ist Gnade.

Gott ist wie ein Wünschelbaum. Um was immer wir
bitten, wird Er uns geben. Habe Glauben. Vertrau auf
Gott. Dann wirst du nichts selbst tun brauchen, Mutter
Kali wird alles für dich tun.

Warum solltest du dich fürchten? Halte dich an Gott.
Was ist, wenn die Welt ein Wald voller Dornen ist? Leg
Schuhe an und schreite über die Dornen. Wen solltest
du fürchten?

Gott selbst wird morgen für dich sorgen, wenn du
selbst es nicht kannst.

Gott ist unser eigen. Du hast Gewalt über Ihn.

Wie der Mensch sicher ist, Sünden zu begehen, so ist es
doppelt sicher, daß der Herr Wege zu seiner Erlösung
aussinnt.

Gott ist allmächtig. Er vermag seinem Frommen *Brahmajnana* zu geben, wenn Er es so will.

Je näher du zu Gott gelangst, um so mehr Frieden wirst du finden. Frieden, Frieden – Erhabener Frieden.

Wahrlich, ich sage euch, euer Heil ist gesichert, wenn ihr auch nur den sechzehnten Teil von dem, was ich euch sage, ausführt.

Der Hauch Seiner Gnade umschwebt euer Haupt Tag und Nacht. Entfaltet die Segel eures Geistes, und ihr werdet auf dem Ozean des Lebens schnelle Fortschritte machen.

Gebete

Weine und bete zu Gott: »O Gott, offenbare Dich mir. Halte mein Inneres fern von ›Gold und Weib‹.« Und tauche tief! Kann ein Mensch Perlen finden, wenn er auf der Oberfläche treibt oder schwimmt?

Bete zu Gott: »Gib, o Herr, daß ich reine Liebe zu Deinen Lotusfüßen habe, und daß ich nicht von Deiner die Welt bezaubernden Maya getäuscht werde.«

Bete zu Gott: »Behüte mich mit Deinem mitfühlenden Angesicht. Führe mich vom Unwirklichen zum Wirklichen, aus der Dunkelheit zum Licht, vom Tode zur Unsterblichkeit.«

»Mutter! Zerstöre in mir jeden Gedanken daran, daß

ich groß sei, daß ich ein *Brahmin* sei, und daß die anderen gering und *Parias* sind, denn was anderes sind sie als Du in vielen Gestalten?«

»O Göttliche Mutter! Ich verlange keine Ehre von den Menschen, ich verlange nicht die Freuden des Fleischs, nur laß meine Seele einfließen in Dich wie das ewige Zusammenfließen von Ganges und Jamuna. Mutter! Ich bin ohne *Bhakti* (Frömmigkeit), ohne *Yoga*, ich bin arm und ohne Freude. Ich will niemandes Lob, nur laß meine Seele immer im Lotus Deiner Füße verbleiben.«

»Mutter! Ich bin *yantra* (Werkzeug), Du bist *yantri* (der das Werkzeug benutzt); ich bin der Raum, Du bist der Bewohner; ich bin die Scheide, Du bist das Schwert; ich bin der Wagen, Du bist der Lenker; ich tue nur, was Du mich tun läßt; ich rede, was Du mich reden läßt; ich bin, wie Du mich sein läßt; nicht ›ich‹, nicht ›ich‹, sondern ›Du‹.«

. . . Om Shanti . . .

Bhakti – Frömmigkeit – Hingabe

Was ist nun *Prema* (glühende Liebe zu Gott)? Das ist *Prema:* beim Nennen des süßen Namens *Hari* (des Herrn) vergißt man die äußere Welt, ja sogar den eigenen Körper, der einem doch so lieb ist, vollkommen. Frage: Wie sieht ein wahrhaft Liebender Gott?

Antwort: Er sieht Ihn wie seinen nächsten und liebsten Verwandten, genau so wie die Hirtenfrauen (Gopis) von Vindavan Sri Krishna sahen, nicht als Herrn des Universums (Jagannath) sondern als ihren eigenen, geliebten Gopinath (Herr der Gopis).

Totapuri pflegte zu sagen: »Wenn Kupfer nicht täglich gerieben wird, setzt es Grünspan an. So wird auch des Menschen Herz unrein, der nicht täglich über seine Gottheit meditiert.«

Ahalya sprach zu Sri Ramachandra: »Oh Rama, es macht mir nichts aus, daß ich von einer Hure geboren wurde, doch versage mir nicht die dauernde Liebe und Verehrung für Dich. Ich verlange weiter keine Gabe von Dir.«

Du kannst auf klares Glas nichts aufdrucken, ist aber dessen Oberfläche mit bestimmten Ätzmitteln überzogen, kannst du, wie zum Beispiel bei der Photographie, Bilder darauf festhalten. Auf gleiche Weise kann in das menschliche Herz, das mit den Chemikalien des *Bhakti* überzogen ist, das Bild der Gottheit geprägt werden.

Die Hingabe an Gott nimmt in dem Maße zu, wie die Bindung an sinnenhafte Gegenstände abnimmt.

Ist ein Frommer ungewöhnlich stark an einen Angehörigen gebunden und deshalb unfähig, sein Inneres zu festigen, lehrt ihn der Meister, den Gegenstand seiner Liebe als Bild Gottes zu betrachten und ihm in solcher Haltung zu dienen.

Ein Dichter hat die Hingabe an Gott einem Tiger verglichen. Wie der Tiger Tiere verschlingt, so verschlingt auch die Frömmigkeit alle Erbfeinde des Menschen, wie Lust, Leidenschaft und die übrigen. Ist einmal die Hingabe an Gott völlig erwacht, werden alle bösen Leidenschaften wie Begierden und Zorn vollkommen zerstört.

Es gibt so etwas wie Gott lieben, ohne zu wissen warum. Wenn das kommt, bleibt nichts mehr zu wünschen. Wer solch ein *Bhakti* besitzt, spricht: »Oh Herr, ich verlange nicht Reichtum, Ruhm, Gesundheit, Glück oder irgendetwas anderes. Gib, daß ich reine Hingabe zu Deinen Lotusfüßen haben möge.«

Es gibt drei Arten von Liebe: selbstsüchtige, gegenseitige und selbstlose. Die selbstsüchtige Liebe ist die niederste. Sie schaut nur auf ihr eigenes Glück, ganz gleich, ob der Geliebte Wohl oder Weh erleidet. Die gegenseitige Liebe läßt den Liebenden nicht nur das Glück seines oder seiner Geliebten wünschen, sondern hat auch ein Auge für sein oder ihr eigenes Glück. Die selbstlose Liebe ist von höchster Art. Der Liebende sieht nur das Wohlergehen des Geliebten.

Das Herz des Frommen ist wie ein trockenes Zündholz: die leiseste Erwähnung von der Gottheit Namen entzündet das Feuer der Liebe in seinem Herzen. Aber das Innere des Weltlichen, durchweicht von Lust und Gier, ist wie ein nasses Zündholz und kann niemals zu Begeisterung entflammt werden, wenn man ihm auch unzählige Male von Gott predigt.

Worin beruht die Stärke eines Frommen? Er ist ein Kind Gottes, und Tränen sind seine größte Stärke.

Hat die Motte einmal das Licht erblickt, kehrt sie niemals in die Dunkelheit zurück; die Ameise stirbt im Zuckerhaufen, aber niemals wird sie ihn verlassen. Ebenso opfert ein wahrer Frommer seinem Gott freudig sein Leben in Entsagung.

Die Frau, die einen König zum Geliebten hat, wird eines Straßenbettlers Verehrung nicht annehmen. So verlangt auch die Seele, die einmal Gnade im Angesicht des Herrn gefunden hat, nicht nach den armseligen Dingen der Welt.

Wie süß ist die Einfalt eines Kindes. Es zieht seine Puppe allem Reichtum und Besitz vor. So ist der getreue Fromme. Niemand außer ihm vermag Reichtum und Ehre beiseite zu lassen, um sich nur auf Gott allein zu werfen.

Je öfter du eine juckende Hautstelle reibst, umso stärker wird der Juckreiz und um so mehr Erleichterung hast du beim Kratzen. Ebenso wird der Fromme, hat er einmal begonnen, Sein Lob zu singen, dessen nie müde, sondern fährt Stunden um Stunden damit fort.

Mußt du verrückt sein, laß es nicht um die Dinge der Welt sein, sondern sei um der Liebe Gottes willen verrückt.

Bhakti Yoga ist Vereinigung mit Gott durch das Mittel der Hingabe *(Bhakti)* oder Selbstaufgabe. Er ist besonders für dies Zeitalter, *Kali Yuga*, geeignet. Er ist der *Yuga-dharma* – der Weg für das gegenwärtige Zeitalter. Er vermindert *Karma* oder Handeln auf ein

Minimum. Er lehrt die Notwendigkeit unaufhörlichen Gebets.

Heera-mati (Diamanten und Perlen), die Tausende wert sind, kann man auf dem Markt bekommen, aber wie wenige haben *Krishna-mati* (Verehrung für den Herrn Krishna).

Es ist unwesentlich, ob jemand glaubt oder nicht, daß Radha und Krishna Gestaltwerdungen Gottes sind. Man kann wie die Hindus oder Christen an die Gestaltwerdungen Gottes glauben. Oder man kann, wie die modernen Brahmos, nicht daran glauben, daß Er irgendeine Gestalt annimmt. Aber laß alle ein Verlangen nach dieser inbrünstigen Liebe zum Herrn *(anuraga)* haben. Die intensive Liebe ist das einzig Notwendige. Weisheit und Liebe zu Gott sind letztendlich eins. Zwischen reiner Weisheit und reiner Liebe besteht kein Unterschied. Reine Weisheit führt zum gleichen Ziel wie reine Hingabe *(Bhakti)*.

Das Wissen um Gott kann dem Manne verglichen werden, während die Liebe zu Gott fraulich ist. Weisheit hat nur Zugang zu Gottes äußeren Gemächern; und niemand, es sei denn der Liebende, kann in Seine Geheimnisse eindringen, denn niemand außer einer Frau hat zu den inneren Gemächern Zutritt.

Man muß alle lieben. Niemand ist ein Fremder. *Hari* allein ist in allen Wesen. Nichts existiert ohne Ihn.

Glaube niemals, daß nur du allein das wahre Verständnis besitzt, und die anderen Narren sind.

Reibt man es auch noch so stark, fängt ein nasses

Streichholz kein Feuer; es qualmt nur. Ein trockenes dagegen entzündet sich selbst bei der kleinsten Reibung sofort.

Des wahren Gottesverehrers Herz ist dem trockenen Streichholz gleich, die zarteste Erwähnung von Gottes Namen läßt das Feuer der Liebe in seinem Herzen bereits auflodern, während des Weltkindes Seele, die mit Sinnenlust und Hang zum Reichtum erfüllt ist, jedem Feuer wie das nasse Streichholz sich widersetzt, selbst wenn ihm Gott wiederholt genannt würde. Niemals läßt sich in ihm das Feuer der göttlichen Liebe entzünden.

Einst übten sich zwei Yogis in Kasteiungen, um der Schau Gottes teilhaft zu werden. Da kam Narada, der heilige Weise, an ihrer Einsiedelei vorüber. Der eine fragte Narada: »Kommst Du gerade vom Himmel?« »Ja, so ist es«, entgegnete Narada. Nun der Yogi: »Oh, so sag, womit fandest Du des Himmels Herrn gerade beschäftigt?« Darauf Narada: »Ich sah den Herrn des Himmels Kamele und Elefanten durch ein Nadelöhr gehen lassen und sah die Tiere durch dasselbe ein- und ausgehen.« Der eine der Yogis bemerkte: »Was soll schon dabei sein, bei Gott ist nichts unmöglich!« Aber der andere: »Unsinn! Das ist unmöglich! Es zeigt nur, daß du nie in Gott warst.«

Der erste der Männer war ein Gottesverehrer und sein Glaube der eines Kindes. Gott ist nichts unmöglich. Niemand vermag das Wesen Gottes zu ergründen. Von Ihm kann alles gesagt werden.

Der Pandit: »Nach den Theosophen gäbe es *Mahatmas* und verschiedene Ebenen und Sphären, etwa die Astralebene, die Sonnen- und Mondsphäre und noch andere. Des Menschen Astralleib könnte an all diese Orte gelangen. Sie behaupten noch mehr solcher Dinge. Wie denkt Ihr, Herr, über die Theosophen?«
Ramakrishna: »Die Liebe zu Gott ist das Höchste. Liegt ihnen daran? Wenn das zutrifft, ist alles in Ordnung. Ist ihr Zweck und Ziel, Gott zu erfahren, so ist es gut. Aber bedenkt, es ist nicht die wahre Gottsuche, sich in derartige Nichtfertigkeiten, wie Sonnensphäre und Astralebene zu versenken. Es bedarf religiöser Übungen, damit uns die Liebe zu Seinen Lotusfüßen erfaßt. Um Seinetwillen muß man in seiner Herzenssehnsucht erschüttert werden.
Aus den vielgestaltigen Dingen sollte der Geist gesammelt und auf Ihn allein hingelenkt werden. Nicht in den *Veden*, nicht im *Vedanta* oder irgend sonst heiligen Schriften ist Er. Es führt zu keinem Ziel, trägt man nicht die Sehnsucht nach Ihm im Herzen. In ganzer Hingabe muß man zu Ihm beten und die religiösen Übungen verrichten. So leicht ist es nicht, Gott zu erfahren. Man muß sich religiösen Übungen hingeben.«
Ein Brahmane war Priester einer Hauskapelle. Eines Tages ging er weg und überließ den Gottesdienst seinem kleinen Sohn. Er hatte den Knaben gelehrt, das tägliche Speiseopfer vor die Gottheit niederzusetzen und achtzugeben, daß es von Ihr auch verzehrt werde. Der Sohn befolgte die Vorschriften des Vaters, stellte

das Opfer vor das Bild und wartete schweigend, doch das Bild sprach weder noch aß es. Lange wartete der Knabe, denn er war gewiß, daß die Gottheit vom Altar herabsteigen, sich vor das Opfer setzen und es verzehren würde. Deshalb betete er: »Herr, komm und iß. Es wird spät und länger kann ich nicht warten.« Der Herr aber blieb stumm. Da weinte der Knabe und rief: »Herr, mein Vater gebot mir, darauf zu achten, daß Du das Opfer auch verspeisest. Warum kommst Du nicht? Du kommst doch zu meinem Vater und verzehrst sein Opfer. Was fehlte ich, daß Du nicht auch zu mir kommst und das meine verzehrst?« Er weinte lange erbärmlich. Da er nun aufsah, erschaute er die Gottheit in Menschengestalt seine Opfergabe verspeisen. Am Schluß des Gottesdienstes sagten ihm die Hausgenossen, als der Knabe zurückkam: »Bringe die Opfergabe her, wenn der Gottesdienst zu Ende ist.« Darauf der Knabe: »Ja, der Herr verspeiste all mein Opfer.« Sie stürzten in die Kapelle und waren wie erschlagen beim Anblick der leeren Schüssel.

So groß ist wahren Glaubens und wahre Sehnsucht Gewalt.

Jnana – Weisheit

Man begegnet zwei Arten von Schülern – die eine von ihnen ähnelt einem Affenjungen und die andere kann einem jungen Kätzchen verglichen werden. Das Affenjunge klammert sich erst an seine Mutter, die es dann von Ast zu Ast trägt. Das Kätzchen klammert sich nicht an der Mutter an, sondern miaut mitleiderregend, wo immer sie es hinschleppt. Dann kommt die Mutterkatze und trägt es irgendwohin, indem sie es am Nakken packt. Ebenso hängt der Schüler, der dem Weg der Weisheit oder der selbstlosen Arbeit folgt, in dem Erreichen des Heils von seiner eigenen Anstrengung ab. Andererseits weiß der Schüler, der dem Pfad der Liebe folgt, daß der Herr Lenker aller Dinge ist, und unterwirft sich in vollem Vertrauen gänzlich Seiner Gnade.

Der erste ist wie ein Affenjunge, der letztere wie das Kätzchen.

Jnana Yoga ist die Vereinigung mit Gott durch das Mittel des *Jnana*. Des Jnani Aufgabe ist, *Brahman*, das Absolute, zu verwirklichen. Er spricht »Nicht dieses«, so scheidet ein unwirkliches Ding nach dem anderen aus der Betrachtung aus, bis er zu einem Punkt gelangt, wo alle Unterscheidung *(Vichara)* zwischen dem Wirklichen und Unwirklichen aufhört, und das Absolute *Brahman* im *Samadhi* verwirklicht wird.

Erkenne dich selbst, dann wirst du Gott erkennen. Was

ist mein Ego? Ist es meine Hand oder mein Fuß oder mein Fleisch oder mein Blut oder irgendein anderer Teil meines Körpers? Denke gut nach, und du wirst wissen, daß es so etwas wie »Ich« nicht gibt. Je mehr du von einer Zwiebel abschälst, umso mehr Haut allein erscheint, du kannst keinerlei Kern erreichen; so verschwindet das Ego, analysierst du es, ins Nichts. Was am Ende übrig bleibt, ist die Seele *Atman*, das reine Wissen *(Chit)*. Gott erscheint, wenn das Ego stirbt.

Du kannst auf dornigen Wegen gehen, wenn du feste Schuhe anhast; mit geistigem Wissen beschuht, kannst du die dornige Welt durchwandern.

Nur Nichtwissen verleitet dazu, nach Gott außerhalb seiner selbst zu suchen. Wenn man fühlt, daß Gott in einem selbst ist, ist es Weisheit. Der, der es hier hat, die Gegenwart Gottes in sich selbst fühlt, hat es auch dort, er hat seinen Platz zu Seinen Lotusfüßen.

Jemand bat Sri Ramakrishna: »Lehrt mich, bitte, mit einem Wort, damit ich erleuchtet werde.« Darauf antwortete ihm dieser: »Das Absolute ist die einzige Wirklichkeit; das Universum ist unwirklich, verwirkliche das, und dann sei still.«

Im *Kali Yuga* ist *Jnana Yoga* außerordentlich schwer zu verwirklichen. In erster Linie hängt unser Leben jetzt und hier von der Nahrung ab. Es ist *Annagata Prana*. Zweitens, die Dauer des menschlichen Lebens ist dafür viel zu kurz. Drittens ist es fast unmöglich, den uns erfüllenden Trug, daß das Selbst mit dem Körper, *Dehabuddhi*, wie es genannt wird, eins sei, auszurotten.

So können wir nur verstandesmäßig verstehen, daß der Schluß, zu dem der Jnani kommen muß, ist: »Ich bin nicht der Körper, ich bin eins mit der universalen Seele. Ich bin jenes Wesen, welches absolut und unbedingt ist.«

Was ist *Jnana* oder Weisheit im höchsten Sinne? Spricht der weise Mensch, Jnani:

»Oh Herr, Du allein schaffst in diesem ganzen Universum. Ich bin nur das allerkleinste Werkzeug in Deiner Hand. Nichts ist mein, alles ist Dein. Ich selbst, meine Familie, meine Habe, meine Tugenden, all das ist Dein.«

Ein Dieb dringt in einen dunklen Raum und befühlt all die verschiedenen Dinge darin. Vielleicht legt er seine Hand auf einen Tisch, und während er sagt: »Nicht dies«, geht er weiter. Dann kommt er zu einem anderen Gegenstand, etwa einem Stuhl, und indem er wiederholt »nicht dies«, setzt er seine Suche fort, Gegenstand nach Gegenstand beiseiteschiebend, bis er endlich seine Hand auf den Kasten mit dem Schatz legt. Dann ruft er aus: »Hier ist er«, und sein Suchen findet damit sein Ende. So in der Tat ist die Suche nach *Brahman*.

Ich habe erfahren, daß die aus der Vernunft hergeleitete Weisheit sich unterscheidet von der Weisheit, die aus der Meditation kommt, und von dieser noch mehr unterschieden ist die Weisheit, die aus Seiner Offenbarung hervorgeht.

Weisheit führt zur Einheit, Unwissenheit zur Vielfalt.

Der Jnana Yogi spricht: »Ich bin Er.« Aber solange jemand die Vorstellung vom Selbst als Körper hat, ist dieser Egoismus verbrecherisch. Er hilft einem nicht zum Fortschritt und führt fast ins Verderben. So ein Mensch täuscht sich und andere.

Die Anzahl jener, die göttliche Weisheit erlangen, ist äußerst gering. So heißt es in der Gita: »Von Tausenden von Menschen strebt vielleicht einer nach Vollkommenheit, und unter diesen Gesegneten, die so streben, mag einer sein, der Mich in Wahrheit erkennt.«

Solange es scheint, als sei Gott außerhalb und weit entfernt, herrscht Unwissenheit. Ist Gott aber im Innern verwirklicht, herrscht wahre Weisheit.

Die göttliche Inkarnation Ramakandra fragte Hanuman, seinen großen Anhänger: »Mein Sohn, sag, wofür hältst du mich, und wie meditierst du über mich?« Hanuman entgegnete: »Oh Rama, manchmal bete ich Dich als den Einen Ungeteilten an, dann sehe ich mich selbst als einen Teil, einen kleinen Teil gleichsam dieser Gottheit. Wieder versenke ich mich in Dich, oh Rama, als in meinen göttlichen Herrn und sehe mich nur als Deinen Diener. Oh Rama, wann immer ich mit wahrer Erkenntnis begnadet bin, sehe und weiß ich: Ich bin Du und Du bist ich.«

Ein Raja wurde einst von seinem Guru über die heilige Lehre der Nicht-Zweiheit, die das ganze Weltall als *Brahman* erkennt, belehrt. Darüber freute sich der König ungemein. Er begab sich zur Königin und sagte:

»Es ist kein Unterschied zwischen Königin und Dienerin; von nun an soll die Dienerin Königin sein.«

Die Königin war über diesen sinnlosen Vorschlag ihres Herrn entsetzt. Sie ließ den Guru rufen, beschwerte sich bei ihm und klagte: »So, Herr, sehen die bösen Folgen Eurer Lehren aus,« und erzählte ihm den Vorfall. Der Guru sprach der beleidigten Königin Trost zu: »Schaut zu, wenn dem König heute das Essen aufgetragen wird, daß ihm zusammen mit dem Reisgericht auch eine Schüssel mit Kuhmist vorgesetzt wird.« Zur Essenszeit gingen Guru und König zu Tisch. Unbeschreiblich war der Zorn des Königs, da er eine Schüssel Kuhmist zu seinem Mittagsmahl vorgesetzt findet. Völlig ruhig bemerkte der Guru dazu: »Herr, Ihr kennt doch so genau die Lehre von der Nicht-Zweiheit. Weshalb dann dieser Unterschied zwischen Kuhmist und Reis?« Außer sich schrie der König: »Du willst doch der große Advaitist sein; so friß Du den Kuhmist, wenn er Dir schmeckt!« »Herrlich,« erwiderte der Guru, verwandelte sich in ein Schwein und fraß mit großem Genuß den Kuhmist. Dann nahm er wieder Menschengestalt an. Aber den König überfiel solche Scham, daß er der Königin nie wieder etwas solch Törichtes vorschlug.

Der Strom des Wissens, der durch eines Weisen Herz strömt, fließt nur in einer Richtung. Das ganze All ist ihm ein Traum. Er lebt nur im eigenen Selbst. Der Strom der Liebe aber im Herzen eines Gottliebenden fließt nicht nur in einer Richtung. Er hat Ebbe und Flut.

Der Gottliebende lacht, weint, tanzt und singt, er möchte sich seines Geliebten erfreuen, ganz untergehen in seinem Geliebten. Irgendwie schwimmt er in Ihm, taucht manchmal unter und dann wieder auf, wie Eis im Wasser.

Ab und zu taucht jenes einzigartige gemischte Licht auf, das man Mond-Sonnenlicht nennen könnte. Mit ihm könnte man die einzigartigen Verkörperungen wie *Caitanya* vergleichen, die genau betrachtet durch Gottesliebe gleicherweise wie durch Erkenntnis ausgezeichnet sind, als ob Mond und Sonne gleichzeitig am Himmel leuchten. Erkenntnis und Gottesliebe in einer Person vereint sind deshalb eine ebenso einzigartige Erscheinung wie diese Naturerscheinung.

Ein Gottesweiser und ein Gottesliebender durchstreiften einst einen Wald. Unterwegs stießen sie auf einen Tiger. Der Gottesweise sagte: »Wir brauchen nicht zu fliehen; der Allmächtige wird uns sicher in Seinen Schutz nehmen.« Der Gottesliebende meinte: »Nein, Bruder, laß uns laufen. Weshalb sollten wir auch Gott um etwas bemühen, das wir durch eigene Mühe erlangen können.«

In einem Dorf war ein Hindukloster. Täglich zogen die Mönche des Klosters mit ihren Bettelschalen aus, um ihre Nahrung einzusammeln. Da sah einer der Mönche im Vorbeigehen, wie ein Zemindar einen einfachen Mann schrecklich schlug. Der Gottesmann, der ein sehr weiches Gemüt hatte, flehte den Zemindar an, doch aufzuhören. Der aber drehte sich wütend sofort nach dem Mönch um und hieb mit seiner ganzen Wut auf ihn ein. Er prügelte den Mönch solange, bis er bewußtlos am Boden liegen blieb.

Ein Fremder, der den Vorfall beobachtete und die erbärmliche Lage des Mönches sah, lief zum Kloster und berichtete dort alles. Die Mönche liefen zu der Stelle, wo der fromme Mann lag. Sie hoben ihn auf, trugen ihn ins Kloster und legten ihn dort in ein Zimmer. Trotzdem blieb der fromme Mönch lange Zeit ohne Bewußtsein. Voll Kummer und Angst mühten sich seine Brüder um ihn, wuschen sein Gesicht, flößten ihm Milch ein und gaben sich alle Mühe, ihn mit ihrer Pflege dem Leben wiederzugeben. Allmählich erlangte er sein Bewußtsein wieder. Als der fromme Mönch seine Augen aufschlug und seine Brüder sah, fragte ihn einer, der wissen wollte, ob er seine Freunde auch erkenne: »Maharaja, kennst du den, der dir Milch zu trinken gibt?« Darauf der Fromme mit schwacher Stimme: »Der mich schlug, Bruder, speist mich nun.«

Hat man erst Gottesbewußtsein erlangt und sich über Gut und Böse, Tugend und Laster erhoben, kann man des Geistes Einheit erfahren.

Ich fand, daß die denkend gewonnene Erkenntnis ganz anders ist als die meditativ erreichte; und wiederum völlig anders geartet ist jene Erkenntnis, die sich aus Seiner Offenbarung ergibt.

Ein Holzfäller lebte kümmerlich aus den Einkünften seines Holzfällens. Einmal begegnete ihm ein Sannyasin im Wald bei der Arbeit und gab ihm den Rat, doch tiefer in den Wald hineinzugehen. Er werde dabei sehr viel gewinnen.

Der Holzfäller folgte dem Rat und ging immer tiefer in den Wald, bis er zu einem Gehölz aus Sandelholzbäumen kam. Darüber war er aufs höchste erfreut. Soviel er nur konnte, nahm er von den Sandelholzstämmen mit und erlöste auf dem Markt einen ausgezeichneten Preis dafür. Dabei entsann er sich, daß ihm der gute Sannyasin überhaupt nichts von den Sandelholzbäumen gesagt, sondern ihm nur geraten hatte, tiefer in den Wald hineinzugehen. Am nächsten Tag also lief er über die Sandelholzbäume hinaus und gelangte schließlich zu einer Kupfermine. Bei ihr hielt er an und schleppte an Kupfer weg, was er nur konnte und erlöste noch viel mehr Geld. Am folgenden Tag ging er auf den Rat des Sannyasins noch tiefer in den Wald, ohne die Kupfermine auch nur zu beachten und stieß auf eine Silbermine. Indem er so jeden Tag tiefer in den Wald ging, fand er schließlich Gold und Diamanten und wurde schließlich unendlich reich.

So geht es dem, der um wahre Erkenntnis ringt. Wird er in seinem Fortschreiten von nichts aufgehalten, nachdem er einmal eine Stufe erreichte oder einige ungewöhnliche Kräfte erworben hatte, erhält er schließlich den Reichtum ewiger Wahrheitserkenntnis.

Ich erkenne, daß die Drei: Altar, Opfer und Opfernder in Wahrheit Eins sind.

Anweisungen an Familienväter

Donnerstag, 24. August 1882

Ramakrishna unterhielt sich mit Hazra, als M eintraf. Er begrüßte den Meister ehrfürchtig. Der Meister ging mit M auf der Veranda auf und ab und unterhielt sich mit ihm.

Meister: »Einige spirituelle Übungen sind notwendig, um erkennen zu können, was in einem liegt.«

M: »Muß man sein ganzes Leben lang spirituelle Übungen verrichten?«

Meister: »Nein, aber zu Anfang muß man sich aufmachen und etwas tun. Danach wird die Arbeit leichter. Der Steuermann hält das Ruder fest in der Hand, wenn er durch Wellen, Sturm und Riffe steuert. Sobald er die Klippen passiert hat und ein günstiger Wind weht, macht er es sich bequem und berührt kaum das Ruder. Er setzt seinen Kurs und zündet seine Pfeife an. So genießt auch der Strebende Ruhe und Frieden, wenn er die Wellen und Stürme von ›Frauen und Gold‹ hinter sich gebracht hat.

Einige sind mit den Merkmalen eines *Yogis* geboren, aber auch sie müssen vorsichtig sein. ›Frauen und Gold‹ sind die einzigen Hemmnisse,, die den Menschen vom *Yoga*-Weg abkommen lassen und ihn in Weltlichkeit hinabziehen. Vielleicht hat er noch Verlangen nach Vergnügen. Hat er seine Wünsche erfüllt, so richtet er sein Denken wieder auf Gott und erlangt den alten Bewußtseinszustand, der ihn für *Yoga*-Übungen geeignet macht.

Ohne Stetigkeit im Denken gibt es keinen *Yoga*. Der Wind der Weltlichkeit rührt unser Denken auf, das mit einer Kerzenflamme verglichen werden kann. Wenn diese Flamme nicht mehr flackert, dann hat man *Yoga* erlangt.

Manchmal habe ich eine *Rajas*-Stimmung benutzt, um Entsagung üben zu können. Einmal hatte ich das Verlangen, ein golddurchwirktes Gewand anzulegen, einen Ring an meinem Finger zu tragen und eine Wasserpfeife zu rauchen. Mathur Babu besorgte alle diese Dinge für mich. Ich legte das golddurchwirkte Gewand an und sagte nach einer Weile zu mir: ›Dies nennt man also ein golddurchwirktes Gewand!‹ Dann zog ich es aus und warf es fort. Ich konnte es nicht mehr ertragen. Darauf sagte ich zu mir: ›So, mein Denken, dies nennt man einen Schal und dies einen Ring und dies das Rauchen einer Wasserpfeife.‹ Ich warf diese Dinge ein für allemal fort, und das Verlangen nach ihnen kehrte nie wieder in mein Bewußtsein zurück.«

Es war schon fast dunkel. Der Meister und M unterhielten sich allein auf der Südostveranda.

Meister: »Das Denken eines *Yogis* ist stets auf Gott gerichtet, stets im Selbst versunken. Man erkennt einen solchen Menschen, wenn man ihn nur ansieht. Seine Augen sind weit offen, mit einem ziellosen Blick, wie die Augen eines Vogels, der seine Eier ausbrütet.

Seine ganze Aufmerksamkeit ist auf die Eier gerichtet, deshalb hat er diesen leeren Blick. Kannst du mir einmal solch ein Bild zeigen?«

M: »Ich werde versuchen, eins zu beschaffen.«

Als der Abend hereinbrach, wurden die Tempel erleuchtet. Ramakrishna saß auf seiner niedrigen Couch und meditierte über die Göttliche Mutter. Dann wiederholte er die Namen Gottes. Räucherkerzen und eine Öllampe wurden angezündet. Der Wind trug den Klang der Muschelhörner und Gongs herüber, als die Abendandacht im *Kali*-Tempel begann. Das Mondlicht ergoß sich über alle Gebäude.

Meister: »Tu deine Pflicht in völliger Selbstlosigkeit. Vidyāsāgar leistet gute Arbeit. Versuche, deine Pflichten zu erledigen, ohne nach einem Ergebnis zu trachten.«

M: »Ja, aber kann man Gott verwirklichen, während man seine Pflichten versieht?«

Meister: »Alle ohne Ausnahme müssen arbeiten. Gottes Namen zu singen und Seinen Ruhm zu verkünden, ist auch Arbeit, genauso wie die Meditation eines Nicht-Dualisten über ›Ich bin Er‹. Atmen ist Tätigkeit. Es gibt keine Möglichkeit, alle Tätigkeit aufzugeben. Versieh deshalb dein Werk, aber bringe das Ergebnis Gott dar.«

M: »Darf ich Anstrengungen machen, um mehr Geld zu verdienen?«

Meister: »Das ist statthaft, um eine religiöse Familie zu unterhalten. Du darfst versuchen, dein Einkommen zu steigern, es muß aber auf ehrenhafte Weise geschehen. Ziel des Lebens ist nicht das Geldverdienen, sondern Gott zu dienen. Geld ist unschädlich, wenn es für den Dienst Gottes benutzt wird.«

M: »Wie lange sollte man sich Frau und Kindern gegenüber verpflichtet fühlen?«

Meister: »Solange sie der Nahrung und Kleidung bedürfen. Man braucht keine Verantwortung für einen Sohn zu übernehmen, der sich selbst erhalten kann. Wenn die jungen Nestlinge gelernt haben, ihre Nahrung selbst zu suchen, jagt die Mutter sie fort, wenn sie bei ihr Nahrung suchen.«

M: »Wie lange muß man seine Pflicht erfüllen?«

Meister: »Die Blüte fällt ab, wenn die Frucht kommt. Nach der Erkenntnis Gottes hat man keine Pflichten mehr und auch kein Empfinden mehr für sie.

Erledige die wenigen Pflichten, die dir auferlegt sind; dann wirst du Frieden haben. Wenn die Herrin des Hauses mit Kochen und mit dem Haushalt fertig ist und sich ins Bad begibt, wird sie nicht zurückkommen, soviel man auch rufen mag.«

M: »Was bedeutet die Erkenntnis Gottes? Was meint Ihr mit ›Schau Gottes‹, und wie erlangt man sie?«

Meister: »Nach Auffassung der *Vaishnavas* können die Strebenden und Gottsucher in verschiedene Klassen eingeteilt werden: die Anfänger, die darum kämpfen, Gott zu sehen; die Vollkommenen; und die das Höchste erlangen. Wer gerade seinen Fuß auf den Weg gesetzt hat, ist ein Anfänger. Wer schon einige Zeit spirituelle Übungen gemacht hat wie Meditation, *Japam* und das Singen von Gottes Namen, ist eine strebende Seele. Wer durch innere Erfahrung weiß, daß Gott existiert, der ist eine vollkommene Seele. Der *Vedanta* gibt ein Beispiel dafür. Der Hausherr schläft in einem dunklen Raum. Jemand tappt in der Dunkelheit umher, um ihn zu finden. Er berührt das Bett und sagt: ›Nein, das ist er nicht.‹ Darauf berührt er das Fenster und sagt: ›Nein, das ist er nicht.‹ *Vedanta* nennt das den Prozeß des ›Nicht dies, nicht das.‹ Schließlich berührt er den Körper des Hausherrn und ruft aus: ›Hier ist er!‹ Mit anderen Worten, er ist sich jetzt des Vorhandenseins bewußt. Er hat ihn gefunden, kennt ihn aber noch nicht genau.

Dann gibt es den, der das Höchste erlangt. Es ist ganz etwas anderes, wenn man mit jemandem vertraut reden kann, wenn man Gott durch Liebe und Hingabe wirklich kennt. Der Vollkommene hat Gott zweifellos erlangt, aber nur, wer die höchste Höhe erklommen hat, besitzt völlige Erkenntnis.«

M: »Wenn man Gott sieht, sieht man Ihn dann mit diesen Augen?«

Meister: »Mit den leiblichen Augen kann man Gott nicht sehen. Im Verlauf der spirituellen Übungen erlangt man einen ›Körper der Liebe‹ mit Augen der Liebe und Ohren der Liebe. Man sieht Gott mit den Augen der Liebe und vernimmt die Stimme Gottes mit den Ohren der Liebe.

Ohne intensive Liebe zu Gott ist das nicht möglich.

Man erblickt Gott nur dann überall, wenn man ihn mit großer Intensität liebt. Es ist wie bei einem Gelbsüchtigen, der alles gelb sieht. Dann weiß man: ›Ich bin wirklich Er.‹

Wer Tag und Nacht an Gott denkt, der sieht Ihn überall. Wie jemand, der eine Flamme lange angestarrt hat und dann überall Flammen sieht.«

»Aber das ist nicht wirkliche Flamme«, schoß es M durch den Kopf.

Ramakrishna, der die Gedanken lesen konnte, sagte: »Man kann sein Bewußtsein nicht verlieren, wenn man an Ihn denkt, der Geist und Bewußtsein ist. Shivanath machte einmal die Bemerkung, daß zuviel Nachdenken über Gott das Bewußtsein verwirrt. Darauf sagte ich zu ihm: ›Wie kann man bewußtlos werden, wenn man an Bewußtsein denkt?‹«

M: »Ja, das ist mir klar. Es ist ja nicht wie das Nachdenken über ein unwirkliches Objekt. Wie kann ein Mensch seine Intelligenz verlieren, wenn er sein Denken auf Ihn richtet, dessen Wesen Ewige Intelligenz ist?«

Meister: »Durch Gottes Gnade hast du das begriffen. Die Zweifel des Denkens schwinden nicht ohne Seine Gnade. Zweifel schwinden nur durch Selbstverwirklichung.

Man braucht nichts mehr zu fürchten, wenn einem Gottes Gnade zuteil geworden ist. Ein Kind kann sehr leicht hinfallen, aber es besteht keine Gefahr, wenn der Vater es bei der Hand hält. Jedes Leid hört für den

Menschen auf, wenn Gott in Seiner Gnade seine Zweifel ausgelöscht und Sich ihm enthüllt hat. Diese Gnade wird aber nur dem zuteil, der mit verlangendem Herzen zu Ihm betet und spirituelle Übungen versieht. Die Mutter hat Mitleid mit ihrem Kind, wenn es aufgeregt umherläuft. Sie hatte sich versteckt und zeigt sich ihm jetzt wieder.«

»Aber warum läßt Gott uns umherirren?« dachte M.

Sofort sagte Ramakrishna: »Es ist Sein Wille, daß wir ein bißchen umherirren. Es ist ein großer Spaß. Gott hat die Welt sozusagen zu Seinem Vergnügen geschaffen. Man nennt das *Mahamaya* – die große Illusion. Deshalb muß man Zuflucht nehmen zur Göttlichen Mutter, der Kosmischen Kraft. Sie hat uns in diese Täuschungen verstrickt. Man kann Gott erst erkennen, wenn alle Täuschungen überwunden sind.«

16. Oktober 1882

Es war Montag, einige Tage vor dem *Durga Puja,* dem Fest der Göttlichen Mutter. Ramakrishna war in fröhlicher Stimmung, denn Narendra war bei ihm. Narendra hatte einige junge Mitglieder des *Brahmo Samaj* mitgebracht. Außerdem waren Rakhal, Ramlal, Hazra und M da.

Narendra hatte mit Ramakrishna zusammen Mittag gegessen. Danach hatte man eine Matte mit einer Auflage und einem weißen Laken darüber ausgebreitet, damit die Schüler ausruhen konnten. Einige Kissen vervollständigten das einfache Bett. Der Meister saß neben Narendra und unterhielt sich angeregt mit seinen Anhängern. Mit leuchtendem Lächeln, die Augen auf Narendra gerichtet, gab er ihnen spirituelle Ratschläge, ausgeschmückt mit Ereignissen aus seinem eigenen Leben.

Meister: »Nachdem ich *Samadhi* erfahren hatte, wollte ich nur noch von Gott hören. Ich suchte Plätze auf, an denen die heiligen Schriften rezitiert und erklärt wurden. Ich besuchte Krishnakishore, damit er mir aus dem *Ramayana* vorlas.

Am Ufer des Ganges hatte sich einmal ein Heiliger niedergelassen. Er lebte in Ariadaha, nicht weit von Dakshineswar. Wir wollten ihn besuchen. Ich sagte zu Haladhari: ›Krishnakishore und ich wollen den Heiligen besuchen; gehst du mit?‹ Haladhari antwortete: ›Was nützt es, einen menschlichen Körper zu sehen, der nicht mehr ist als ein Käfig aus Lehm.‹ Haladhari hatte die *Gita* und die *Vedanta*-Philosophie studiert und bezeichnete den Heiligen deshalb als ›Käfig aus Lehm‹. Als ich Krishnakishore erzählte, was Haladhari geantwortet hatte, sagte er ärgerlich: ›Wie anmaßend von Haladhari, eine solche Bemerkung zu machen! Wie kann er den Körper eines Mannes, der ständig an Gott denkt, über *Rama* meditiert und alles des Herrn wegen aufgegeben hat, als ›Käfig aus Lehm‹ bezeichnen? Weiß er nicht, daß solch ein Mensch verkörperte Geistigkeit ist?‹ Er war so aufgebracht über Haladharis

Bemerkung, daß er ihn nicht mehr ansah und nicht mehr mit ihm sprach.

Krishnakishore fragte mich einmal, warum ich die heilige Schnur abgelegt hätte. In jenen Tagen der Gottesschau war mir, als geriete ich in einen gewaltigen Sturm. Alles wurde fortgeblasen. Keine Spur meines alten Wesens blieb zurück. Ich verlor jegliches Bewußtsein dieser Welt und konnte keine Kleidung an meinem Körper ertragen, noch viel weniger die heilige Schnur. Deshalb sagte ich zu Krishnakishore: ›Du wirst das verstehen, wenn du in den gottestrunkenen Zustand gerätst, in dem ich jetzt bin.‹

Und das geschah tatsächlich. Auch er machte diesen gottestrunkenen Zustand durch, in dem er nur noch *OM* wiederholte und sich in seinem Zimmer einschloß. Seine Angehörigen hielten ihn für geistesverwirrt und riefen einen Arzt. Krishnakishore sagte zu dem Doktor: ›Heilt mich mit allen Mitteln von meiner Krankheit, aber nicht von meinem *OM*. (Alle lachten.)

Als ich ihn einmal besuchte, war er in gedrückter Stimmung. Ich fragte ihn nach dem Grund, und er sagte: ›Der Steuereinnehmer war hier und drohte, meine Messingtöpfe, Tassen und andere Utensilien wegzunehmen, wenn ich die Steuern nicht bezahlte. Deshalb bin ich besorgt.‹ Ich sagte: ›Aber warum sollte dich das bekümmern? Laß ihn Töpfe und Pfannen fortnehmen! Laß ihn doch deinen Körper einsperren!

Was rührt dich das? Du bist doch *Kha*!‹ Er hatte mir gesagt, er sei *Kha*, der Geist, so alldurchdringend wie der Himmel. Er hatte diese Vorstellung aus dem *Ramayana*, und ich neckte ihn, indem ich ihn ›*Kha*‹ nannte. Deshalb sagte ich an jenem Tage lächelnd zu ihm: ›Du bist *Kha*, Steuern sollten dich nicht kümmern.‹

In diesem gottberauschten Zustand sprach ich alles aus, was ich dachte, und nahm auf niemanden Rücksicht. Selbst hochstehenden Persönlichkeiten sagte ich die Wahrheit.

In diesem Zustand ging ich einmal an den Ganges in Baranagore. Ich traf dort Yaya Mukherji, der den Namen Gottes wiederholte. Er war aber mit den Gedanken ganz woanders. Ich ging zu ihm hin und schlug ihn zweimal auf die Wange.

Einmal weilte die Rani Rasmani im Tempelgarten. Sie kam in den Tempel der Göttlichen Mutter, was sie häufiger zu tun pflegte, wenn ich *Kali* anbetete, und bat mich zu singen. Während ich sang, merkte ich, daß sie geistesabwesend war. Sofort gab ich ihr einen Schlag auf die Wange. Sie war überrascht und saß mit gefalteten Händen da.

Von diesem Bewußtseinszustand alarmiert, sagte ich zu Haladhari: ›Sieh nur meinen Zustand! Wie kann ich ihn wieder loswerden?‹ Nachdem ich eine Zeitlang aufrichtig zur Göttlichen Mutter gebetet hatte, war ich in der Lage, diese Gewohnheit wieder abzulegen.

Wenn man in diesen Bewußtseinszustand gerät, erträgt man keine Unterhaltung mehr, es sei denn über Gott. Ich fing an zu weinen, wenn die Menschen über weltliche Dinge sprachen. Als ich Mathur Babu auf einer Pilgerfahrt begleitete, verbrachten wir einige Tage in Benares im Hause Raja Babus. Ich saß mit Mathur, Raja Babu und anderen im Wohnzimmer und mußte mit anhören, wie sie über weltliche Dinge wie Gewinn und Verlust im Geschäft redeten. Ich weinte bitterlich und sagte zur Göttlichen Mutter: ›MUTTER, wo hast Du mich hingeführt? In Dakshineswar war ich viel besser dran. Hier muß ich ständig über »Frauen und Gold« hören. In Dakshineswar konnte ich das vermeiden.‹«

Der Meister bat die Anwesenden, besonders Narendra, etwas auszuruhen, und legte sich selbst auf die niedrige Couch.

Spät am Nachmittag fing Narendra an zu singen. Rakhal, Latu, M, Hazra und Priya, Narendras *Brahmo*-Freund, waren da. Der Gesang wurde von Trommeln begleitet:

Mit frohem Antlitz singet den geliebten Namen Gottes,
bis er wie ein Sturmwind den Nektarsee aufwühlt;
trinkt diesen Nektar ohne Unterlaß.
(Trinkt ihr ihn selbst und teilet ihn mit allen.)
Wenn je das Herze euch verdorrt,
dann wiederholet Gottes Namen.

(Wenn es verdorrt im Wüstensande dieser Welt,
wird Gottesliebe es aufs neu beleben.)

Gebt acht, daß ihr niemals vergeßt zu singen
den mächtigen Namen Gottes.
Wenn euch Gefahr ins Antlitz starrt, betet zum
Vater, zu Ihm, dem Allerbarmer.
Sprenget der Sünde Band mit einem Freuden-
schrei
(und ruft: »Gott, Gott allein gehört der Sieg!«).
Kommt, lasset uns von Sinnen sein in Gottes Segen,
erfüllt sein unsres Herzens Sehnen,
gestillt sein unser Durst im Yogaweg der Liebe.

(Die Zeilen in Klammern hatte Ramakrishna impro-
visiert.)

Als das Lied zu Ende war, hielt Ramakrishna Narendra
lange in den Armen und sagte: »Du hast uns heute sehr
glücklich gemacht!« Das Herz des Meisters war an
diesem Abend so erfüllt, daß er sich vor Freude kaum
fassen konnte. Es war gegen acht Uhr abends.
Berauscht von göttlicher Liebe ging er auf der Veranda
im Norden seines Zimmers auf und ab. Dann und
wann hörte man, wie er zur Göttlichen Mutter sprach.
Während die Verehrer zu Abend aßen, stand Ramakrishna dabei und beobachtete sie mit großem Vergnügen. Nach dem Abendessen ruhten sich alle im Zimmer des Meisters aus und unterhielten sich mit ihm. Es

war ein Freudenfest. Der Meister bat Narendra, das
Lied zu singen, das mit den Worten begann: »Am
Firmament der Weisheit . . .«
Narendra sang, und die anderen begleiteten ihn mit
Trommeln und Zimbeln:

Am Firmament der Weisheit
geht der volle Mond der Liebe auf,
der Liebesfluten Wogen
fließen überall.
O Herr, wie bist Du voller Seligkeit!
Lob sei Dir und Preis!

Auf allen Seiten leuchten
Gottliebende wie Sterne um den Mond;
ihr Freund, der Herr, der Allerbarmer,
spielt freudevoll mit ihnen.
O sieh! Des Paradieses Pforten,
wie stehn sie weit geöffnet heut!
Der milde Frühlingswind des Neuen Tages
weckt neue Freudenwellen;
sanft weht er auf die Erde
den Duft von Gottes Liebe nieder,
bis alle *Yogis*, ganz berauscht von dieser Liebe,
in Seligkeit versunken sind.

Auf dem Meer der Welt entfaltet sich
der Lotus dieses Neuen Tages.
O siehe da die MUTTER sitzen,

von segensvoller Majestät umhüllt!
Sieh, wie die Bienen dort den Nektar schlürfen,
vor Freude wie von Sinnen!

Sieh, wie der MUTTER Antlitz strahlt,
das so bezaubert alle Herzen
und zieht in Ihren Bann das ganze All!
Um Ihre Lotusfüße sammeln
sich Scharen trunkner Heiliger,
vor Freude tanzend.

Wie unvergleichlich Ihre Schönheit ist!
Wunschlosigkeit ohn Ende
durchzieht das Herz, wenn Sie erscheint.
O Bruder, sagt Premdas*,
demütig bitt' ich dich und alle andern,
singt der MUTTER Preis!

Ramakrishna sang und tanzte, und die Anhänger tanzten um ihn herum.

Kurz vor Mitternacht legten sich Narendra und die anderen auf dem Fußboden im Zimmer des Meisters zum Schlafen nieder.

In der Dämmerung wachten einige Verehrer auf und sahen, wie der Meister, nackt wie ein Kind, im Zimmer auf und ab ging und die Namen der verschiedenen Götter und Göttinnen wiederholte. Seine Stimme war

---

* der Dichter des Liedes

wie Nektar. Bald blickte er auf den Ganges, bald blieb er vor den Bildern, die an der Wand hingen, stehen und verbeugte sich vor ihnen. Ab und zu sagte er: »O MUTTER, Du bist *Brahman*, und Du bist *Shakti*. Du bist *Purusha*, und Du bist *Prakriti*. Du bist *Virat*, Du bist die vierundzwanzig kosmischen Prinzipien.«

Inzwischen hatte die Morgenandacht im *Kali*- und *Radhakanta*-Tempel begonnen. Der Klang von Muschelhörnern und Zimbeln ertönte. Die Besucher gingen nach draußen und sahen, wie die Priester und die Diener Blumen für die Andacht pflückten.

Als Narendra und seine Freunde ihr Bad im Ganges beendet hatten, sagte der Meister zu ihnen: »Geht zum *Panchavati* und meditiert unter dem *Banyan*. Soll ich euch etwas geben, worauf ihr sitzen könnt?«

Narendra und seine *Brahmo*-Freunde meditierten im *Panchavati*. Ramakrishna ging nach einer Weile zu ihnen. M war auch anwesend.

Der Meister sagte zu den *Brahmo*-Anhängern: »In der Meditation muß man ganz in Gott versunken sein. Kann man die Edelsteine, die auf dem Meeresgrund liegen, finden, wenn man nur an der Oberfläche schwimmt?«

Darauf sang er:

Nimm *Kalis* Namen, mein Geist, und tauche hinab,
tief in das unergründliche Meer der Seele;
glaub aber nie, es sei ohne Perlen,
wenn der erste Versuch dir keine beschert.

Fest entschlossen und selbstbeherrscht
bahne dir, tief tauchend, den Weg
zum Reiche von *Kali*, der MUTTER.

Bedenke, tief in dem Meer
der Erkenntnis von MUTTER *Kali*
liegen die schimmernden Perlen des Friedens;
wenn du voll Liebe der Schriften Gebote befolgst,
kannst du sie dir als Besitz erringen.

Doch in den stillen Tiefen des Meeres
lauern sechs Krokodile* – Lust, Zorn und die
andern –
schwimmen umher und suchen nach Beute.
Mit der Unterscheidung Öl salbe deinen Körper;
allein sein durchdringender Duft
wird dich schützen vor ihrer Berührung.

Zahllose kostbare Perlen
liegen verstreut auf dem Grunde des Meeres.
Tauche hinab, sagt Ramprasad**,
und sammle sie ein mit vollen Händen.

Narendra und seine Freunde stiegen vom Zementsok-
kel des *Panchavati* herab und standen neben dem Meister. Er ging mit ihnen in sein Zimmer zurück und

---

* Die sechs Leidenschaften: Lust, Zorn, Geiz, Verblendung, Stolz
  und Neid
**Der Dichter des Liedes

sagte: »Wenn ihr in den Ozean hinabtaucht, können Krokodile euch angreifen. Sie werden euch aber in Ruhe lassen, wenn ihr euren Körper mit dem Öl der Unterscheidung einreibt. Es gibt ohne Zweifel sechs Krokodile – Lust, Zorn, Neid und so weiter – in euch, in den abgründigen Tiefen eurer Seele. Schützt euch mit dem Öl der Unterscheidung und Entsagung, und sie werden euch nicht anrühren.

Was kann man durch Vorträge und Gelehrsamkeit schon erreichen, wenn einem Unterscheidung und Leidenschaftslosigkeit fehlen! Nur Gott ist wirklich, alles andere ist unwirklich. Gott allein ist Sein, alles andere ist Nichts. Das ist es, was man Unterscheidungsvermögen nennt.

Laßt erst Gott in eurem Herzen wohnen, und dann haltet Vorträge, so viel ihr wollt. Was nützt die bloße Wiederholung von ›Brahma‹, wenn ihr keine Unterscheidung und Leidenschaftslosigkeit besitzt! Es ist wie der leere Klang eines Muschelhorns.

In einem Dorf lebte ein junger Mann namens Padmalochan. Die Leute riefen ihn ›Podo‹. In diesem Dorf stand ein heruntergekommener Tempel. Er enthielt kein Götterbild. Büsche und Bäume wuchsen auf seinen Mauerruinen. Fledermäuse hausten in ihm, und der Fußboden war mit Staub und dem Unrat der Fledermäuse bedeckt. Die Dorfbewohner mieden den Tempel. Eines Abends hörten die Leute des Dorfes aus der Richtung des Tempels den Klang eines Muschelhorns. Sie dachten, jemand habe ein Bildnis aufgestellt, um die Abendandacht zu verrichten. Einer von ihnen öffnete vorsichtig die Tür und sah, wie Padmalochan in einer Ecke des Tempels ins Muschelhorn blies. Kein Bildnis war errichtet. Der Tempel war weder gefegt noch aufgewischt. Überall lag Unrat und Schmutz. Darauf rief er Podo zu:

> Du hast kein Bildnis aufgestellt
> hier drin im Schrein, du Narr!
> Du bläst das Muschelhorn und machst
> das Durcheinander nur noch schlimmer.
> Elf Fledermäuse kreischen hier
> ununterbrochen Tag und Nacht.

Es ist sinnlos, Krach zu machen, wenn wir Gott in unser Herz schließen und Ihn erkennen wollen. Reinigt zuerst euer Denken. In einem geläuterten Herzen hält Gott Einzug. Man kann kein heiliges Bild in einen Tempel bringen, der mit dem Unrat der Fledermäuse bedeckt ist. Die elf Fledermäuse sind unsere elf Organe: fünf Tätigkeitsorgane, fünf Wahrnehmungsorgane und das Denken.

Ruft erst die Gottheit an, dann könnt ihr Vorträge halten nach Herzenslust. Taucht tief hinab. Taucht bis auf den Grund und sammelt die Edelsteine. Dann dürft ihr auch andere Dinge tun. Niemand will tief tauchen. Die Menschen meiden spirituelle Übungen und Gebet, sie besitzen weder Entsagung noch Leidenschaftslosigkeit. Sobald sie ein paar Worte gelernt haben, beginnen sie sofort, Vorträge zu halten. Es ist schwer, andere zu belehren. Nur wenn ein Mensch von Gott den Auftrag dazu erhält, nachdem er Ihn erkannt hat, ist er berechtigt zu lehren.«

Mit diesen Worten kam der Meister zum Westende der Veranda. M stand neben ihm. Ramakrishna hatte ständig betont, daß Gott ohne Unterscheidungsvermögen und Entsagung nicht erkannt werden könne. Dies bekümmerte M sehr. Er war achtundzwanzig Jahre alt, hatte eine westliche Hochschulbildung genossen und war verheiratet. Da er Pflichtgefühl besaß, fragte er sich, ob Unterscheidung und Leidenschaftslosigkeit bedeuteten, daß man »Frauen und Gold« aufgeben müsse. Er wußte wirklich nicht, was er tun sollte.

M: »Was soll man tun, wenn die eigene Frau sagt: ›Du vernachlässigst mich; ich werde Selbstmord begehen.‹?«

Meister (ganz ernst): »Verlasse solch eine Frau, wenn sie ein Hindernis in deinem spirituellen Leben ist. Laß sie Selbstmord begehen, oder was sie sonst tun mag! Eine Frau, die das spirituelle Leben ihres Mannes behindert, ist gottlos.«

M hatte sich, tief in Gedanken versunken, an die Wand gelehnt. Narendra und die anderen schwiegen. Der Meister wechselte einige Worte mit ihnen; dann, auf M zugehend, flüsterte er ihm ins Ohr: »Wenn aber ein Mann aufrichtige Liebe zu Gott empfindet, dann vermag er alle zu beherrschen, den König, den Bösewicht und seine Frau. Aufrichtige Gottesliebe auf seiten des

Gatten hilft der Frau schließlich, ein spirituelles Leben zu führen. Wenn der Ehemann gut ist, so wird durch Gottes Gnade seine Frau seinem Beispiel folgen.«

Diese Worte hatten eine besänftigende Wirkung auf M. Er hatte immer schon gedacht: »Laß sie doch Selbstmord begehen, wenn sie will. Was kann ich dabei machen?«

M: »Dies ist wirklich eine schreckliche Welt!«

Meister: »Deshalb hat ja *Chaitanya* zu Nityānada gesagt: ›Für den weltlich Gesinnten gibt es keine Hoffnung auf Befreiung.‹«

Bei einer anderen Gelegenheit hatte der Meister, als er mit M allein war, zu ihm gesagt: »Es gibt keine Hoffnung für einen weltlichen Menschen, wenn er nicht Gott ergeben ist. Er braucht aber nichts zu fürchten, wenn er nach der Erkenntnis Gottes in der Welt verbleibt. Er hat von der Welt nichts zu befürchten, wenn er Hingabe erlangt hat und ab und zu in der Einsamkeit spirituellen Übungen nachgeht. *Chaitanya* hatte unter seinen Anhängern verschiedene Familienväter, aber sie waren dies nur dem Namen nach, denn sie waren der Welt nicht mehr verhaftet.«

Es war Mittag. Die Andacht war vorüber, und im Tempel wurden die Speisen dargebracht. Ramakrishna setzte sich zum Essen nieder, und Narendra und die anderen Anhänger erhielten von den Speisen, die im Tempel geopfert worden waren.

Sonntag, 22. Oktober 1882

Es war *Vijaya*, der letzte Tag der *Durga*-Anbetung, an dem das Bildnis im Wasser eines Sees oder eines Flusses versenkt wird.

Gegen neun Uhr morgens saß M in Ramakrishnas Zimmer auf dem Fußboden in der Nähe des Meisters, der zurückgelehnt auf der niedrigen Couch saß. Rakhal lebte zur Zeit beim Meister, und Narendra wie auch Bhāvanath besuchten ihn häufig. Baburam hatte ihn erst ein- oder zweimal besucht.

Meister (zu M): »Wie kommst du mit deiner Meditation voran? Welcher Aspekt Gottes liegt dir mehr, der gestalthafte oder der gestaltlose?«

M: »Im Augenblick kann ich mein Denken nicht auf den gestalthaften Gott richten. Andererseits kann ich mich nicht ständig auf den gestaltlosen Gott konzentrieren.«

Meister: »Du siehst also, daß man nicht plötzlich sein Denken auf den gestaltlosen Aspekt Gottes konzentrieren kann. Es ist klüger, am Anfang an den gestalthaften Gott zu denken.«

M: »Heißt das, man sollte über ein Lehmbildnis meditieren?«

Meister: »Wieso Lehm? Diese Bilder sind eine Verkörperung des Absoluten Bewußtseins.«

M: »Trotzdem muß man an Hände, Füße und andere Teile des Körpers denken. Ich sehe aber ein, daß man sein Denken nicht konzentrieren kann, wenn man nicht zu Anfang über den gestalthaften Gott meditiert.

Gott kann doch mühelos die verschiedensten Formen annehmen. Kann man auch über die Form der eigenen Mutter meditieren?«

Meister: »Ja, man sollte seine Mutter verehren. Sie ist wirklich eine Verkörperung *Brahmans*.«

M schwieg. Nach einigen Minuten fragte er den Meister: »Was empfindet man, wenn man an den gestaltlosen Gott denkt? Läßt sich das beschreiben?«

Nach einigem Nachdenken sagte der Meister: »Weißt du, womit man es vergleichen kann?« Er schwieg einen Augenblick und schilderte M dann mit wenigen Worten die Erfahrung, die man bei der Erkenntnis Gottes, sei er gestalthaft oder gestaltlos, macht.

Meister: »Man muß spirituell üben, um das richtig verstehen zu können. Angenommen, es liegen Schätze in einem Raum; wenn man sie sehen und in Besitz nehmen will, so muß man sich die Mühe machen, den Schlüssel zu beschaffen, die Tür aufzuschließen und die Schätze fortzutragen. Angenommen aber, der Raum ist verschlossen, und man steht vor der Tür und sagt: ›Jetzt habe ich die Tür geöffnet; jetzt habe ich die Truhe aufgebrochen; jetzt habe ich den Schatz entnommen‹, so führt solches Vor-sich-Hinbrüten vor der Tür zu nichts. Man muß üben.

Die *Jnanis* denken an Gott ohne Form. Sie glauben nicht an eine Göttliche Inkarnation. *Krishna* preisend, sagte *Arjuna:* ›Du bist Absolutes *Brahman*.‹ *Krishna* erwiderte: ›Folge mir, und du wirst wissen, ob ich Absolutes *Brahman* bin oder nicht.‹ Danach führte *Krishna Arjuna* an einen bestimmten Ort und fragte ihn, was er dort sehe. ›Ich sehe einen gewaltigen Baum‹, sagte *Arjuna*, ›und daran hängen Früchte wie Trauben von Brombeeren.‹ Darauf sagte *Krishna* zu *Arjuna:* ›Geh näher heran, und du wirst sehen, daß es keine Brombeeren sind, sondern Trauben unzähliger *Krishnas* wie ich.‹ Mit anderen Worten: Unzählige Göttliche Inkarnationen erscheinen und verschwinden am Baum des Absoluten *Brahman.* Ich akzeptiere einen gestalthaften Gott, wenn ich in Gesellschaft von Menschen bin, die diesem Ideal folgen, stimme aber auch mit denen überein, die an den gestaltlosen Gott glauben.«

M (lächelnd): »Ihr seid so unendlich wie Er, über den wir uns unterhalten. Wahrlich, niemand kann Eure Tiefe ergründen.«

Meister: »Ah, ich merke, du hast es herausgefunden. Ich will dir etwas sagen. Man sollte verschiedene Wege gehen. Man sollte jeden Glauben eine Zeitlang ausüben.

Es gibt zwei Arten von *Yogis.* Einige reisen von einem heiligen Ort zum anderen und haben ihren Seelenfrieden noch nicht gefunden. Anderen, die alle Heiligtümer besucht haben, ist es gelungen, ihr Denken zur Ruhe zu bringen. Heiter und gelassen haben sie sich an einem Ort niedergelassen und reisen nicht mehr umher. An diesem Ort sind sie glücklich, sie spüren kein Bedürfnis mehr, Heiligtümer zu besuchen. Begeben sie sich doch noch einmal an einen Pilgerort, dann nur, um neu inspiriert zu werden.

Man wird von einem heiligen Ort zweifelsohne inspiriert. Ich habe Mathur nach Vrindavan begleitet. Hriday und die Damen von Mathurs Familie waren mit dabei. Kaum hatte ich das *Kaliyadaman Ghat* erblickt, wurde ich von einem spirituellen Gefühl überwältigt. Hriday mußte mich baden wie ein kleines Kind.

In der Abenddämmerung pflegte ich am Ufer des Jamuna spazieren zu gehen, wenn die Kühe von ihren Weiden heimkehrten. Beim Anblick dieser Kühe wurde ich an *Krishna* erinnert. Ich rannte herum und schrie wie ein Besessener: ›Oh, wo ist *Krishna?* Wo ist mein *Krishna?*‹ Ich besuchte Syamakunda und Radhakunda und den heiligen Berg Govardhan. Beim Anblick des Berges war ich überwältigt und rannte auf den Gipfel. Ich verlor jedes Bewußtsein der äußeren Welt. Die Bewohner mußten mich herunterbringen. Als ich auf dem Wege nach Syamakunda und Radhakunda die Weiden, die Bäume, die Vögel und die Rehe sah, geriet ich in Ekstase. Mein Gewand war naß von Tränen. Ich sagte: ›Oh *Krishna,* alles ist noch wie in den alten Tagen, nur Du bist nicht hier.‹ Ich saß in der Sänfte und konnte keinen Ton mehr herausbringen. Hriday folgte der Sänfte und bat die Träger, vorsichtig mit mir zu sein.«

Gegen elf Uhr erhielt der Meister sein Mittagessen, die Opfergaben aus dem *Kali*-Tempel. Nach der Mittagsruhe setzte er die Unterhaltung mit seinen Anhängern fort. Ab und zu sagte er »*OM*« oder wiederholte die heiligen Namen der Gottheiten.

Nach Sonnenuntergang begann die Abendandacht in

den Tempeln. Da es der *Vijaya*-Tag war, grüßten die Verehrer zuerst die Göttliche Mutter und nahmen dann den Staub von den Füßen des Meisters.

Gottberauschter Zustand

Freitag, 19. September 1884

Es war *Mahalaya*, ein heiliger Tag der Hindus, und Neumond. Um zwei Uhr nachmittags saßen Ramakrishna, Mahendra Mukherji, Priya Mukherji, M, Baburam, Harish, Kishori und Latu zusammen. Einige saßen, einige standen, und andere gingen umher. Hazra saß auf der Veranda.

Meister (zu M, Mukherji und den anderen): »Ich wäre sehr glücklich, wenn eure Besuche hier für euch von Nutzen wären. (Zu M) Warum kommen die Menschen hierher? Ich kann kaum lesen und schreiben.«

M: »Gottes Kraft wirkt in Euch. Deshalb diese Anziehungskraft. Es ist das Göttliche, das die Menschen anzieht.«

Meister: »Aber nicht alle fühlen sich von Gott angezogen. Nur besondere Seelen spüren das. Um Gott lieben zu können, muß man mit guten Eigenschaften geboren sein. Warum wärst du sonst der einzige, der aus Baghbazar hierherkommt? In einem Dunghaufen kann man nichts Gutes finden.

(Zu den Mukherjis:) Euch geht es gut. Wenn ein Mensch vom *Yoga*-Weg abgleitet, wird er in einer wohlhabenden Familie wiedergeboren und beginnt aufs neue seine spirituellen Übungen zur Erkenntnis Gottes.«

Mahendra: »Warum gleitet man vom *Yoga*-Weg ab?«

Meister: »Während der Strebende an Gott denkt, verspürt er ein Verlangen nach materiellem Vergnügen. Dieses Verlangen läßt ihn vom Weg abgleiten. Im nächsten Leben wird er dann mit spirituellen Neigungen geboren, die er in diesem Leben noch nicht in die Tat umsetzen konnte.«

Mahendra: »Welchen Weg sollte man gehen?«

Meister: »Befreiung ist nicht möglich, solange ein Mensch noch Wünsche hat und weltliche Dinge begehrt.

Man sollte keine Wünsche und kein Verlangen hegen. Darum habe ich mir alle Wünsche erfüllt, die in meinen Gedanken aufstiegen. Einmal sah ich auf dem Bazar bunte Süßigkeiten, die ich unbedingt essen wollte. Ich aß zuviel davon mit dem Ergebnis, daß ich krank wurde.

Als Kind sah ich beim Baden im Ganges einen Jungen, der um seine Hüften einen Goldschmuck trug. Im Zustand meines Gottberauschtseins spürte ich Verlangen nach einem ähnlichen Schmuck. Man gab ihn mir, aber ich konnte ihn nicht tragen. Sobald ich ihn anlegte, schoß ein schmerzhafter Strom durch meinen Körper. Es kam, weil Gold meine Haut berührt hatte.

Ich mußte den Schmuck sofort ablegen, sonst hätte ich ihn abgerissen.

Damals kamen viele Heilige in den Tempelgarten. Es entstand der Wunsch in mir, einen Vorratsraum zu schaffen, aus dem sie versorgt werden konnten. Mathur richtete einen ein, und die *Sadhus* erhielten daraus Lebensmittel, Brennmaterial und dergleichen.

Einmal kam mir die Idee, ein kostbares Gewand mit einer Goldborte zu tragen und eine silberne Wasserpfeife zu rauchen. Mathur sandte mir beides. Ich legte das Gewand an und rauchte die Wasserpfeife auf verschiedene Weise. Dann sagte ich zu mir: ›Das ist es also, was man das Rauchen einer silbernen Wasserpfeife nennt!‹ Der Wunsch war sofort verschwunden. Ich behielt das Gewand noch ein wenig an; aber dann zog ich es aus, trampelte mit den Füßen darauf, bespuckte es und sagte: ›Dies ist also ein teures Gewand! Es steigert nur das *Rajas* im Menschen.‹«

Rakhal befand sich mit Balaram in Vrindavan. Erst hatte er begeisterte Briefe geschrieben, in denen er den heiligen Ort pries. Er hatte an M geschrieben: »Es ist der schönste aller Orte. Komm bitte her! Die Pfauen tanzen umher, überall hört man religiöse Musik und sieht religiöse Tänze. Hier fließt ein Strom göttlicher Seligkeit.«

Dann bekam Rakhal aber einen Fieberanfall. Ramakrishna war sehr besorgt um ihn und betete zur Göttlichen Mutter um seine Genesung. Er begann über Rakhal zu sprechen.

Meister: »Rakhal erlebte seine erste Ekstase, als er meine Füße massierte. Ein Gelehrter erklärte einmal das *Bhagavatam* hier in diesem Zimmer. Als Rakhal ihm zuhörte, erschauerte er ab und zu und wurde dann ganz still.

Seine zweite Ekstase erlebte er im Hause von Balaram Bose. In diesem Zustand konnte er nicht mehr aufrecht sitzen, er lag flach auf dem Boden. Rakhal glaubt an den Persönlichen Gott. Er verläßt den Raum, wenn jemand über das Unpersönliche spricht.

Ich habe geschworen, die Göttliche Mutter anzubeten, wenn er gesund wird. Ihr wißt, daß er Heim und Familie aufgegeben hat, um sich ganz mir zu ergeben. Ich habe ihn hin und wieder nach Hause zu seiner Frau geschickt.

(Auf M zeigend:) Rakhal hat ihm von Vrindavan geschrieben, daß es ein großartiger Ort sei – die Pfauen tanzten umher. Jetzt sollen sich die Pfauen um ihn kümmern, er hat mich wirklich in Verlegenheit gebracht.

Warum mag ich diese jungen Menschen so gern? Sie sind von ›Frauen und Gold‹ noch unberührt. Ich habe erkannt, daß sie zur Klasse der Ewig-Vollkommenen gehören.

Als Narendra zum ersten Mal hierherkam, trug er schmutzige Kleidung, aber Augen und Gesicht verrieten seinen inneren Wert. Damals kannte er nicht viele Lieder. Er sang nur zwei: ›Laß uns zurückkehren, o Geist, in unsere wahre Heimat‹ und ›O Herr, muß ich all meine Tage so ganz umsonst verschwenden?‹

Wenn er kam, unterhielt ich mich nur mit ihm, obgleich das Zimmer voller Menschen war. Er sagte dann: ›Sprecht bitte mit den anderen‹, und dann unterhielt ich mich auch mit ihnen.

Ich verzehrte mich nach ihm und weinte seinetwegen. Bholanath sagte: ›Ihr solltet Euch wegen eines Jungen der *Kayastha*-Kaste nicht so betragen.‹ Prankrishna sagte eines Tages mit gefalteten Händen zu mir: ›Narendra hat nur wenig Bildung, warum macht Ihr so viel Aufhebens um ihn?‹

Könnt ihr mir sagen, warum all diese jungen Menschen mich besuchen und auch ihr? Irgend etwas muß doch in mir sein, oder warum fühlt ihr euch alle so angezogen?

Einmal besuchte ich Hriday in Sihore. Von dort ging ich nach Shyambazar. Sieben Tage und Nächte war ich von einer großen Menschenmenge umgeben. Tag und Nacht nur *Kirtan* und Tanz! Die Menschen standen sogar auf der Straße. Es hatte sich das Gerücht verbreitet, daß ein Mann gekommen sei, der siebenmal gestorben und wieder lebendig geworden sei. Hriday schleppte mich aus der Menge auf ein Reisfeld, weil er Angst hatte, daß ich einen Hitzschlag bekäme. Die Menschen folgten uns wie die Ameisen. Hriday schalt sie und sagte: ›Warum verfolgt ihr uns, als ob ihr noch nie *Kirtan* gehört hättet?‹

Die Menschen strömten von fernen Dörfern herbei. In

Shyambazar lernte ich erkennen, was göttliche Anziehungskraft ist. Wenn Gott sich auf Erden inkarniert,
zieht Er mit Hilfe Seiner *Yogamaya* die Menschen an.
Die Menschen sind dann wie gebannt.«

Ramakrishna sprach zu den Mukherji-Brüdern.
Mahendra, der ältere, hatte seine eigene Firma. Priya-
nath war Ingenieur. Als er genug verdient hatte, um
sorgenlos leben zu können, hatte er seine Stellung
aufgegeben. Die Brüder besaßen Häuser auf dem
Lande wie auch in Kalkutta.

Meister: »Seid nicht müßig, nur weil euer spirituelles
Bewußtsein ein wenig erwacht ist. Geht weiter! Hinter
dem Sandelholzwald befinden sich noch weitere und
wertvollere Dinge – Silberminen, Goldminen und so
fort.«

Priya (lächelnd): »Unsere Füße sind angekettet, wir
können nicht weitergehen.«

Meister: »Was macht es, wenn die Füße angekettet
sind! Entscheidend ist das Denken. Die Fesseln sind im
Denken, und die Befreiung ist auch im Denken.«

Priya: »Aber ich beherrsche mein Denken nicht.«

Meister: »Wieso? Es gibt den *Abhyasa-Yoga*, den *Yoga*
durch Übung. Übe, und du wirst sehen, daß dein
Denken dir dahin folgt, wohin du es führst.«

Es war die Nacht des Neumonds. Der Meister war in
einer spirituellen Stimmung, die langsam in Ekstase
überging. Als er zu seinem Zimmer ging, taumelte er
wie ein Betrunkener und hielt Baburams Hand.

Auf der westlichen Veranda wurde eine Lampe angezündet. Der Meister ließ sich dort ein paar Minuten nieder und wiederholte: »*Hari OM! Hari OM! Hari OM!*« und andere mystische Silben des *Tantra*. Plötzlich ging er in sein Zimmer und setzte sich auf die Couch. Er war immer noch in Versenkung. Er sagte zur Göttlichen Mutter: »Daß ich erst sprechen soll und Du dann handeln, das ist doch Unsinn. Was sind schon Worte? Doch nur Zeichen! Einer sagt: ›Ich will essen.‹ Der andere sagt: ›Nein, ich will davon nichts hören.‹ Nun, MUTTER, wenn ich sagen würde: ›Ich will nichts essen‹, wäre ich dann nicht immer noch hungrig? Wäre es jemals möglich, daß Du nur zuhörst, wenn man laut betet, und nicht, wenn man sich innerlich nach Dir sehnt? Du bist, wie Du bist. Warum rede ich dann? Warum bete ich? Ich tue, was Du mich tun läßt. Oh welche Verwirrung! Warum läßt Du mich so grübeln?«

Als Ramakrishna so mit Gott sprach, lauschten die Verehrer überwältigt seinen Worten. Der Blick des Meisters fiel auf sie.

Meister: »Man muß gute Anlagen besitzen, wenn man Gott erkennen will. Man muß etwas vollbracht haben, eine Art von Askese, entweder in diesem Leben oder in einem früheren.«

Hazra trat ein. Er hatte die letzten zwei Jahre mit Ramakrishna im Tempelgarten gelebt und war ihm 1880 zum ersten Mal in Sihore begegnet. Hazras Heimatdorf lag in der Nähe von Sihore, und er besaß dort einigen Besitz. Er hatte Frau und Kinder und auch einige Schulden. Von früher Jugend an hatte er den

Drang nach Entsagung verspürt und die Gesellschaft von Heiligen und Gottesverehrern gesucht. Der Meister hatte ihn gebeten, bei ihm in Dakshineswar zu bleiben und sich um ihn zu kümmern. In Hazra bestand ein Durcheinander von unverdauten religiösen Auffassungen. Er bekannte sich zum Weg der Erkenntnis und wandte sich gegen Ramakrishnas *Bhakti*-Einstellung und sein Verlangen nach Jüngern. Dann und wann hielt er den Meister für eine große Seele, und dann wiederum betrachtete er ihn als gewöhnliches menschliches Wesen. Er verbrachte viel Zeit mit dem Zählen seiner Gebetsperlen und kritisierte Rakhal und andere junge Männer wegen ihrer Gleichgültigkeit dieser Übung gegenüber. Er achtete sehr auf religiöse Konventionen und gutes Benehmen und hatte ein Steckenpferd daraus gemacht. Er war achtunddreißig Jahre alt.

Als Hazra hereinkam, geriet der Meister in eine abstrakte Stimmung und fing an zu reden.

Meister (zu Hazra): »Dein Tun ist im Prinzip richtig, aber die Ausführung läßt noch zu wünschen übrig. Suche keine Fehler bei anderen, nicht einmal bei einem Insekt. Wenn du Gott um Hingabe bittest, dann bitte Ihn auch darum, daß du in anderen keine Fehler mehr siehst.«

Hazra: »Erhört Gott unsere Gebete um *Bhakti?*«

Meister: »Gewiß! Das kann ich dir hundertmal versichern. Doch das Gebet muß echt und ernsthaft sein. Weinen weltliche Menschen nach Gott, wie sie um

Frau und Kinder weinen? Eine Frau wird krank; ihr Mann glaubt, sie müsse sterben, und beginnt zu zittern und halb ohnmächtig zu werden. Wer zittert ebenso um Gott?«

Hazra wollte des Meisters Füße berühren.

Meister (zurückschreckend): »Was soll das?«

Hazra: »Warum sollte ich nicht den Staub von den Füßen dessen nehmen, der mich so freundlich aufgenommen hat?«

Meister: »Stelle Gott zufrieden, dann werden alle zufrieden sein. ›Wenn Er erfreut ist, ist die Welt erfreut.‹

Eine vollkommene Seele wird selbst nach der Erlangung von Erkenntnis Hingabe üben und religiöse Vorschriften beachten, um anderen ein Beispiel zu geben. Ich gehe zum *Kali*-Tempel und verneige mich vor den heiligen Bildern in meinem Zimmer; deshalb tun andere es auch. Wer sich diese Dinge angewöhnt hat, fühlt sich unbehaglich, wenn er sie nicht beachtet.

Wenn man das Eine kennt, kennt man auch die Vielfalt. Was willst du durch bloßes Studium der Schriften erlangen? Die Schriften enthalten eine Mischung aus Sand und Zucker. Es ist außerordentlich schwer, Zucker von Sand zu trennen. Deshalb sollte man das Wesentliche aus den Schriften von einem Lehrer oder *Sadhu* lernen. Was braucht man später noch Bücher?

(Zu den Anwesenden:) Sammelt alle Informationen, und vertieft euch dann darein. Wenn ein Topf in den Teich gefallen ist, muß man erst feststellen, an welcher Stelle er hineingefallen ist, um danach tauchen zu können.

Man sollte von einem *Guru* das Wesentliche der Schriften erlernen und dann *Sadhana* üben. Wer die spirituellen Übungen richtig befolgt, wird Gott sehen. Richtig befolgen heißt, in ihnen aufgehen. Was nützt es einem Menschen, wenn er nur über die Worte der Schriften nachgrübelt? Diese Toren! Sie grübeln sich zu Tode über die Art des Weges. Sie wagen nicht den Absprung. Welch ein Jammer!

Gott ließ mich durch die Übungen verschiedener Wege hindurchgehen. Erst die der *Puranas*, dann die der *Tantras*. Ich übte auch nach den Vorschriften der *Veden*. Erst übte ich im *Panchavati*. Ich hatte eine Nische aus *Tulsi*-Pflanzen gemacht, in der ich saß und meditierte. Manchmal rief ich mit verlangendem Herzen: ›MUTTER! MUTTER!‹ Oder ›*Rama! Rama!*‹

Die *Tantra*-Übungen machte ich unter dem *Bel*-Baum. Zu der Zeit konnte ich die heilige *Tulsi* von einer anderen Pflanze nicht unterscheiden. Manchmal ritt ich auf einem Hund und fütterte ihn, wobei ich selbst davon aß. Ich sah die ganze Welt nur von Gott erfüllt.

Während der Übungen der *Veden* wurde ich zum *Sannyasin*. Ich legte mich an den Eingang des Tempels und sagte zu Hriday: ›Ich bin ein *Sannyasin*. Ich werde hier meine Mahlzeiten essen.‹

Ich schwor zur Göttlichen Mutter, daß ich mich umbringen würde, wenn ich Gott nicht schauen könnte. Ich sagte: ›Oh MUTTER, ich bin ein Tor. Bitte lehre

mich, was in den *Veden, Puranas, Tantras* und anderen
Schriften enthalten ist.‹ Die MUTTER sagte zu mir:
›Der Kern des *Vedanta* ist: Nur *Brahman* ist wirklich, die
Welt ist Schein.‹ Den Kern der *Gītā* erhält man, wenn
man das Wort zehnmal wiederholt. Es wird dann zu
›*Tagi*‹ und bedeutet Entsagung.

Wie weit liegen *Veden, Vedanta, Puranas* und *Tantras*
unter einem, wenn man Gott erkannt hat! (Zu Hazra:)
Im *Samadhi* kann ich das Wort OM nicht herausbringen. Warum nicht? Ich kann nur OM sagen, wenn ich
aus dem *Samadhi*-Zustand wieder tief heruntergekom-
men bin.

Ich habe alle Erfahrungen durchgemacht, die man den
Schriften nach haben sollte, wenn man Gott einmal
direkt wahrgenommen hat. Ich habe mich verhalten
wie ein Kind, wie ein Irrer, wie ein Geist und wie ein
lebloses Ding.

Ich habe Visionen gehabt, die in den Schriften
beschrieben sind. Ich sah das Universum von feurigen
Funken erfüllt. Ich sah alle Himmelsrichtungen von
Licht glitzern, als wäre die Welt ein See aus Quecksil-
ber. Manchmal schien die Welt wie flüssiges Silber zu
sein, und dann wieder war sie erleuchtet wie mit
bengalischem Licht. Ihr seht, daß meine Erlebnisse mit
den Beschreibungen der Schriften übereinstimmen.

Mir wurde ferner enthüllt, daß Gott selbst zu diesem
Universum mit all seinen lebenden Wesen und den
vierundzwanzig kosmischen Prinzipien geworden ist.
Oh, in was für einem Zustand hielt Gott mich damals!

Kaum war ein Erlebnis vorüber, wurde ich wieder von einem anderen überfallen.

Ich sah Gott in der Meditation, im *Samadhi*-Zustand, und sah denselben Gott, wenn mein Bewußtsein zur äußeren Welt zurückkehrte. Wenn ich auf diese Seite des Spiegels blickte, sah ich nur Ihn allein, und blickte ich auf die Rückseite, dann sah ich denselben Gott.«

Die Anhänger lauschten diesen Worten mit atemloser Spannung.

Die Mukherji-Brüder verabschiedeten sich vom Meister. Ihre Kutsche wartete an der Nordveranda. Der Meister blickte nach Norden. Zu seiner Linken lag der Ganges, vor ihm der Garten mit dem *Nahabat*, und zu seiner Rechten der Weg, der zum Tor führte. Die Nacht war dunkel, und jemand brachte eine Laterne, um den Besuchern den Weg zu zeigen. Einer nach dem anderen verbeugte sich und nahm den Staub von den Füßen des Meisters. Die Kutsche schien zu schwer beladen zu sein für die Pferde. Der Meister sagte: »Sind nicht zu viele Menschen in der Kutsche?«

Als die Kutsche fortrollte, blickten die Verehrer noch einmal auf den Meister, dessen Gesicht vor Zuneigung und Liebe strahlte.

Freitag, 26. September 1884

Ramakrishna war nach Kalkutta gekommen. Es war der erste Tag des *Durga-Puja*, des großen religiösen Festes. Alle Hindus der Hauptstadt feierten es.

Der Meister wollte in Adhars Haus das Bildnis der Göttlichen Mutter sehen. Er wollte auch Shivanath, einen *Brahmo*-Anhänger, besuchen.

Um die Mittagszeit spazierte M, einen Schirm in der Hand, vor dem *Brahmo*-Tempel auf und ab. Zwei Stunden waren schon vergangen, und der Meister war noch nicht erschienen. Ab und zu setzte M sich auf die Stufen der Apotheke, um den jungen und alten Menschen zuzusehen, die voll Freude das *Puja* feierten.

Kurz nach drei Uhr traf die Kutsche des Meisters ein. Sobald Ramakrishna ausgestiegen war, grüßte er mit gefalteten Händen den *Brahmo*-Tempel. Hazra und einige andere Verehrer begleiteten ihn. M verneigte sich vor dem Meister. Bald darauf trafen verschiedene Mitglieder des *Brahmo Samaj* ein und geleiteten den Meister zu Shivanaths Haus, aber Shivanath war nicht da. Vijay Goswamit, Mahalnavish und andere *Brahmo*-Führer traten hinzu, begrüßten den Meister und führten ihn in den *Brahmo*-Tempel.

Ramakrishna war in fröhlicher Stimmung. Er bekam einen Platz vor dem Altar. Die *Brahmo*-Mitglieder sangen ihre Andachtslieder. Vijay und die *Brahmos* saßen vor dem Meister.

Meister (mit einem Lächeln zu Vijay): »Man hat mir gesagt, daß ihr hier eine kleine Tafel angebracht habt, die allen Menschen den Zutritt verbietet, die anderen Glaubens sind. Narendra sagte auch zu mir: ›Ihr solltet nicht in den *Brahmo Sanaj* gehen, besucht lieber Shivanath.‹

Ich sage aber, daß wir alle denselben Gott anrufen. Eifersucht und Groll brauchten nicht zu sein. Wollt ihr die Wahrheit wissen? Gott hat die verschiedenen Religionen geschaffen, damit verschiedenen Suchern in verschiedenen Ländern zu verschiedenen Zeiten geholfen wird. Alle Lehren sind nur so viele verschiedene Wege, aber ein Weg ist niemals Gott selbst. Man kann Gott erreichen, wenn man einen der Wege mit Hingabe aus vollem Herzen befolgt. Selbst wenn es Irrtümer gäbe in der Religion, die man erwählt hat, dann wird Gott selbst sie korrigieren, wenn man ernsthaft und aufrichtig ist. Wenn sich jemand auf den Weg begibt, um *Jagannath* in Puri zu besuchen, kann er aus Versehen nach Norden gehen statt nach Süden, aber sehr bald wird man ihm sagen: ›Mein lieber Mann, du bist auf dem falschen Weg, du mußt nach Süden gehen.‹ Der Mann wird früher oder später *Jagannath* erreichen. Um Irrtümer in anderen Religionen brauchen wir uns nicht zu kümmern. Gott, dem die ganze Welt gehört, wird dafür Sorge tragen. Unsere Aufgabe ist es, irgendwie zum *Jagannath*-Tempel zu kommen. (An die *Brahmos* gewandt:) Ihr habt gute Ansichten. Ihr beschreibt Gott als gestaltos. Das ist in Ordnung. Man kann einen Kuchen auf verschiedene Weise anschneiden, er wird immer süß schmecken.

Die *Veden* beschreiben Gott als gestalthaft und als gestaltlos. Ihr beschreibt Ihn nur als gestaltlos. Das ist einseitig, macht aber nichts. Wenn ihr einen Seiner Aspekte wirklich kennt, werdet ihr auch Seine anderen

Aspekte kennenlernen. Gott selbst wird sie euch enthüllen.«

Vijay gehörte noch dem *Brahmo Samaj* an. Er war ein
bezahlter Prediger dieser Organisation, stimmte aber
nicht mit allen Regeln und Vorschriften überein. Er
verkehrte auch mit Menschen, die an den gestalthaften
Gott glaubten, und das schuf Unstimmigkeiten zwischen ihm und seinen Vorgesetzten. Viele *Brahmos*
beanstandeten sein Verhalten.

Der Meister blickte plötzlich auf Vijay und sagte: »Ich
höre, daß man dir Vorwürfe macht, weil du mit Menschen verkehrst, die an den gestalthaften Gott glauben. Stimmt das? Ein Gottesverehrer muß unerschüt-
terlichen Glauben haben. Er muß wie ein Amboß in
einer Schmiede sein. Schlechte Menschen mögen dich
beschimpfen und verleumden, aber du mußt alles
ertragen, wenn du aufrichtig nach Gott suchst. Man
kann auch unter bösen Menschen an Gott denken. Die
alten *Rishis* meditierten im Wald über Gott, wo sie von
Tigern, Bären und anderen Raubtieren umgeben
waren. Böse Menschen sind wie Tiger und Bären, sie
werden dich verfolgen und verletzen wollen.

Manchmal muß man vorsichtig sein. Denk an einen
einflußreichen Menschen, der viel Geld besitzt und
zahlreiche Untergebene hat. Er kann dir schaden,
wenn er will. Deshalb mußt du im Gespräch mit ihm
vorsichtig sein und ihm vielleicht sogar zustimmen.
Wenn ein Hund dich anbellt oder angreift, mußt du
stillstehen und besänftigend auf ihn einreden. Wenn

ein Stier mit gesenkten Hörnern ankommt, mußt du ihn mit sanfter Stimme beruhigen. Wenn du einen Betrunkenen verärgerst, wird er dich und deine ganze Familie beschimpfen. Du solltest zu ihm sagen: ›Hallo, Onkel, wie geht es dir?‹ Er wird erfreut sein und sich zu dir setzen, um zu rauchen.

In Gegenwart schlechter Menschen bin ich sehr wachsam. Einige sind wie Schlangen, sie beißen ohne Vorwarnung. Man muß gut unterscheiden können, wenn man den Biß vermeiden will, sonst wird man so erregt, daß man nach Vergeltung trachtet. Man braucht dringend ab und zu die Gesellschaft eines Heiligen, damit man zwischen dem Wirklichen und dem Unwirklichen zu unterscheiden vermag.«

Vijay: »Ich habe keine Zeit, ich bin in meine Pflichten hier verstrickt.«

Meister: »Du bist ein religiöser Lehrer. Andere haben Ferien, ein religiöser Lehrer nie. Wenn ein Gutsverwalter seinen Auftrag erledigt hat, erhält er vom Grundbesitzer einen neuen. Genauso hast auch du keine Freizeit.« (Alle lachten)

Vijay: »Gebt mir Euren Segen.«

Meister: »Jetzt sprichst du wie ein Unwissender. Nur Gott kann segnen.«

Vijay: »Dann gebt uns bitte einige Anweisungen.«

Meister: »Auch in der Welt kann man Gott erkennen, wenn man aufrichtig ist. ›Ich und mein‹ – das ist Nichterkenntnis; aber ›O Gott! Du und Dein‹ – das ist Erkenntnis.

Ich rate den Menschen, geistig zu entsagen, ich verlange nicht, daß sie die Welt aufgeben. Wenn man unverhaftet in der Welt lebt und aufrichtig nach Gott sucht, dann erlangt man Ihn auch.

Es hat eine Zeit gegeben, in der ich mit geschlossenen Augen über Gott meditierte. Dann sagte ich mir: ›Existiert Gott denn nur, wenn ich mit geschlossenen Augen an Ihn denke? Existiert Er nicht, wenn ich mit offenen Augen umherblicke?‹ Wenn ich jetzt umherblicke, sehe ich, daß Gott allen Wesen innewohnt. ER ist das Bewußtsein in Menschen, Tieren, Bäumen, Pflanzen, Mond und Sonne, Land und Wasser.«

Ramakrishna verabschiedete sich. Die *Brahmo*-Anhänger verbeugten sich vor ihm, und er erwiderte ihren Gruß. Dann stieg er in die Kutsche, um das Bildnis der Göttlichen Mutter in Adhars Haus zu besuchen.

Sonnabend, 11. Oktober 1884

Es war zwei Uhr nachmittags. Ramakrishna saß auf seiner Couch. M und Priya Mukherji waren bei ihm. Ein Brahmane trat ein und begrüßte den Meister. Er hatte in Benares *Vedanta* studiert.

Meister: »Hallo, wie geht es dir? Du bist lange nicht hier gewesen. Warum?«

Pandit (lächelnd): »Weltliche Pflichten; Ihr wißt ja, ich habe nur wenig Freizeit.«

Der *Pandit* setzte sich, und es entspann sich eine Unterhaltung.

Meister: »Du warst lange in Benares. Was gibt es dort?«

Pandit: »Ich sah Colonel Olcott. Die Theosophen glauben an *Mahatmas.* Sie sprechen von ›lunaren‹, ›solaren‹, ›astralen‹ und anderen Ebenen. Ein Theosoph kann sich mit seinem Astralleib in all diese Ebenen begeben. Olcott hat viele solche Dinge erzählt. Was haltet Ihr von der Theosophie?«

Meister: »Das Wesentliche ist *Bhakti,* liebende Hingabe an Gott. Suchen die Theosophen *Bhakti?* Wenn ja, dann ist es gut. Wenn die Theosophen die Erkenntnis Gottes zum Ziel des Lebens machen, dann ist es gut. Man kann Gott aber nicht suchen, wenn man unentwegt mit *Mahatmas* und den lunaren, solaren und astralen Ebenen beschäftigt ist. Ein Mensch sollte spirituell üben und zu Gott beten, daß Er ihm Gottesliebe schenkt. Er sollte sein Denken auf Gott allein richten und es von den Objekten der Welt abziehen.

Man mag über Schriften, Philosophie und *Vedanta* reden – Gott ist darin nicht zu finden. Man wird Gott nicht erkennen, wenn man nicht rastlos um Ihn bemüht ist. Spirituelle Übungen sind notwendig. Ohne Vorbereitungen ist eine Schau Gottes nicht möglich.

Jemand fragte mich einmal: ›Warum kann ich Gott nicht sehen?‹ Ich sagte zu ihm: ›Du willst einen großen Fisch fangen. Dann triff erst Vorbereitungen. Besorge dir eine Angelrute und eine Leine. Dann streue Köder ins Wasser. Der Köder wird den Fisch aus der Tiefe herauflocken. An der Bewegung des Wassers kannst du erkennen, ob ein großer Fisch da ist.‹

Wenn man Butter essen will, nützt es gar nichts, festzustellen, daß Butter in der Milch enthalten ist. Man muß hart arbeiten, um die Butter von der Milch zu trennen. Man kann Gott nicht sehen, wenn man lediglich feststellt, daß Er existiert. Es bedarf spiritueller Übungen.

(Zum *Pandit:*) Man sollte ab und zu in der Gesellschaft von Heiligen leben. Die Krankheit der Weltlichkeit ist chronisch geworden. Sie wird in der Gesellschaft von Heiligen weitgehend gemildert.

›Ich und mein‹ – das ist Nichterkenntnis. Wahre Erkenntnis läßt uns empfinden: ›O Gott, Du allein handelst. Du allein bist mein eigen. Dir allein gehören Haus, Familie, Verwandte, Freunde und die ganze Welt. Alles gehört Dir.‹ Nichterkenntnis läßt uns denken: ›Ich tue alles. Familie, Kinder, Freunde und Besitz gehören mir.‹

Ein Lehrer erklärte seinem Schüler diese Dinge, indem er sagte: ›Gott allein und niemand anders ist dein eigen.‹ Der Schüler sagte: ›Aber meine Mutter, meine Frau und meine anderen Verwandten kümmern sich sehr um mich. Für sie ist alles dunkel, wenn ich nicht da bin. Sie lieben mich sehr.‹ Der Lehrer sagte: › Du befindest dich in einem Irrtum. Ich werde dir zeigen, daß niemand dein eigen ist. Nimm diese Pillen, geh nach Hause, lege dich ins Bett und schlucke sie. Alle werden dich für tot halten, aber du wirst alles sehen und hören können, was um dich herum vorgeht. Dann werde ich in dein Haus kommen.‹

Der Schüler folgte den Anweisungen. Er schluckte die Pillen und lag wie tot in seinem Bett. Seine Mutter, seine Frau und seine Verwandten weinten. In dem Augenblick kam der Lehrer, als Arzt verkleidet, herein und erkundigte sich nach der Ursache ihres Kummers. Als sie ihm alles berichtet hatten, sagte er: ›Hier ist eine Medizin. Sie wird ihn ins Leben zurückrufen; sie muß aber erst von einem seiner Angehörigen genommen werden und dann von ihm. Wer von den Angehörigen sie zuerst nimmt, muß aber sterben. Ich sehe seine Mutter, seine Frau und seine anderen Angehörigen hier versammelt; sicher wird einer von ihnen freiwillig die Medizin nehmen. Dann wird der junge Mann wieder zum Leben erwachen.‹

Der Schüler hörte alles mit an. Zuerst wandte der Arzt sich an die Mutter, die weinte und sich vor Schmerz kaum fassen konnte: ›Mutter, weint nicht mehr, nehmt die Medizin, und Euer Sohn wird leben, aber Ihr müßt sterben.‹ Die Mutter nahm die Medizin in die Hand und überlegte. Nach vielem Nachdenken sagte sie mit Tränen in den Augen zum Arzt: ›Mein Sohn, ich habe noch mehr Kinder. Ich muß auch an sie denken. Wer wird sie ernähren und versorgen, wenn ich sterbe?‹ Da wandte der Arzt sich an die Frau des Schülers. Auch sie hatte bitterlich geweint. Mit der Medizin in der Hand begann sie nachzudenken. Sie hatte vernommen, daß sie durch die Einnahme der Medizin sterben müßte.

Mit Tränen in den Augen sagte sie: ›Es ist sein Schicksal. Was wird aus meinen kleinen Kindern, wenn ich sterbe? Wer wird sie am Leben erhalten? Wie kann ich die Medizin nehmen?‹ In der Zwischenzeit war die Wirkung der Pillen verflogen. Der Schüler wußte jetzt, daß in Wirklichkeit niemand sein eigen war. Er sprang aus dem Bett und ging mit seinem Lehrer fort. Der *Guru* sagte zu ihm: ›Es gibt nur Einen, den du dein eigen nennen kannst, und das ist Gott.‹

Deshalb sollte der Mensch *Bhakti* entwickeln und Gott lieben wie sein eigen. Seht die Welt um euch herum; sie existiert für euch nur ein paar Tage.«

Pandit: »Ich spüre ein Verlangen nach völliger Entsagung, wenn ich hier bin. Ich möchte die Welt aufgeben und davonlaufen.«

Meister: »Nein, warum aufgeben? Entsage geistig und lebe unverhaftet in der Welt.

Surendra verbrachte gelegentlich die Nacht hier. Er brachte sein Bettzeug mit und blieb ein oder zwei Tage. Daraufhin sagte seine Frau: ›Du kannst am Tage hingehen, wohin du willst, aber nachts mußt du zu Hause sein.‹ Was sollte der arme Surendra tun? Jetzt kann er keine Nacht mehr fortbleiben.«

Der *Pandit* ging. Die Dämmerung senkte sich auf den *Panchavati*, die Tempel und den Fluß. Die Abendandacht begann. Ramakrishna verbeugte sich vor den Bildern der Gottheiten in seinem Zimmer. Dann saß er versunken auf seiner Couch. Einige Anhänger saßen schweigend auf dem Boden.

Nach einer Stunde trafen Ishan und Kishori ein. Ishan war ein Ritualist, der die verschiedenen Zeremonien befolgte, die in den Schriften vorgeschrieben sind. Der Meister begann mit der Unterhaltung.

Meister: »Kann man Gotterkenntnis erlangen, indem man nur das Wort ›Gott‹ wiederholt? Es gibt zwei Anzeichen für solche Erkenntnis. Erstens: starkes Verlangen, das heißt, Liebe zu Gott. Man mag ergründen und diskutieren, aber alles ist fruchtlos, wenn man kein Verlangen und keine Liebe empfindet. Zweitens: das Erwachen der *Kundalini*. Solange die *Kundalini* schläft, gibt es keine Gotterkenntnis. Man kann stundenlang über Büchern brüten oder Philosophie studieren – wenn man keine innere Ruhelosigkeit nach Gott empfindet, erkennt man Ihn auch nicht.

Wenn die *Kundalini* erwacht, entwickelt man Hingabe und Liebe zu Gott. Das ist der Weg der Anbetung.«

Ishan: »Laßt mich gehn und Hazra suchen.«

Ramakrishna saß schweigend da. Ishan kehrte mit Hazra zurück. Der Meister schwieg immer noch. Hazra flüsterte zu Ishan: »Wir wollen ihn allein lassen. Vielleicht will er meditieren.« Beide verließen das Zimmer.

Ramakrishna saß regungslos. Die Verehrer spürten, daß er meditierte. Dann machte er *Japam*. Er legte seine rechte Hand auf den Kopf, dann auf die Stirn, dann auf die Kehle, auf das Herz und schließlich auf den Nabel. Meditierte er über die *Kundalini* in den sechs Zentren? Bald darauf ging der Meister zum *Kali*-Tempel. Er blickte auf das Bildnis, nahm einige geweihte Blumen von den Füßen der MUTTER und ging um Sie herum; er schien von einer Ekstase ergriffen zu sein. Als er herauskam, fand er Ishan mit dem Ritual beschäftigt.

Meister: »Was! Du bist immer noch hier? Immer noch beim Ritual? Hör' dir dies Lied an:

> Warum sollt ich nach Ganga oder Gaya,
> nach Kashi, Kanchi oder Prabhas gehn,
> solange ich noch atmen kann
> mit *Kalis* Namen auf den Lippen?
> Wozu bedarf der Mensch
> der Andacht noch, wozu der Rituale,
> wenn er der MUTTER Namen wiederholt
> zu den drei heiligen Tagesstunden?
> So dicht die Riten ihm auch folgen mögen,
> nie werden sie ihn übertreffen.
> Wohltätigkeit, Gelübde, milde Gaben
> sind nicht nach Madans Sinn.
> Der segensvollen MUTTER Lotusfüße
> sind sein Gebet und seine Opfergaben.
> Wer könnte jemals ganz begreifen
> die Kraft von Ihrem heiligen Namen?
> Ja, *Shiva* selbst, der Gott der Götter, singt
> fünffachen Mundes Ihr zu Lob und Preis!

Wie lange muß ein Mensch formale Anbetung verrichten? Solange er keine Liebe zu Gott entwickelt hat, solange er keine Tränen vergießt und ihm die

Haare nicht zu Berge stehen, wenn er Gottes Namen wiederholt.

Die Blüten fallen ab, wenn die Frucht sich bildet. Wenn man Liebe zu Gott entwickelt hat und Ihn wahrnimmt, dann gibt man alle Riten auf.

Mit diesem Tempo wirst du nichts erreichen. Du brauchst starke Entsagung. Bringt es etwas, wenn man fünfzehn Monate ein Jahr nennt? Du scheinst keine Kraft zu besitzen. Du bist wie Milchreis. Raffe dich auf und handle! Gürte deine Lenden!

Ich mag dieses Lied nicht:

Bruder, klammere dich freudig an Gott;
so strebend, wirst du Ihn eines Tages erreichen.

Diese letzte Zeile gefällt mir überhaupt nicht. Du brauchst starke Entsagung. Dasselbe sage ich zu Hazra.

Du fragst mich, warum du keine starke Entsagung besitzt. Es gibt einen Grund dafür: Wünsche und verborgene Neigungen sind in dir. Das gleiche gilt für Hazra. In meiner Gegend müssen die Bauern ihre Reisfelder bewässern. Die Felder sind von niedrigen Wällen umgeben, damit das Wasser nicht wegläuft. Sie bestehen aber aus Lehm und haben manchmal Rattenlöcher. Die Bauern arbeiten sich zu Tode, um Wasser auf die Felder zu bringen. Aber es läuft immer wieder durch diese Löcher weg. Wünsche sind solche Löcher. Du übst zwar *Japam* und Askese, aber sie verschwinden durch die Löcher deiner Wünsche. Wenn es keine Wünsche mehr gibt, richtet sich das Denken auf Gott. Es ist wie bei dem Zeiger einer Waagschale. Das Gewicht von ›Frauen und Gold‹ läßt ihn nach einer Seite ausschlagen. ›Frauen und Gold‹ bringen uns vom *Yoga*-Weg ab. Hast du einmal die Flamme einer Kerze beobachtet? Der geringste Windstoß läßt sie flackern. *Yoga* ist wie eine stetige Flamme an einem windstillen Ort.

Dein Denken ist zerstreut. Ein Teil weilt in Dacca, ein anderer in Delhi und ein dritter in Coochbehar. Das Denken muß gesammelt werden, es muß auf ein Objekt konzentriert werden. Wenn man einen Stoff kaufen will, der vier Rupien kostet, dann muß man dem Kaufmann volle vier Rupien zahlen. *Yoga* ist nicht möglich, wenn auch nur das geringste Hindernis vorhanden ist. Wenn der Telegrafendraht auch nur einen kleinen Bruch hat, kommt keine Meldung mehr durch. Natürlich lebst du in der Welt, aber was macht das! Du mußt die Früchte deiner Arbeit Gott darbringen. Du darfst nichts für dich selber wollen. Denk aber daran, daß Verlangen nach *Bhakti* kein Wunsch ist. Du darfst dir *Bhakti* wünschen und darum beten. Benutze *Tamas-Bhakti* und stelle deine Forderungen an die Göttliche Mutter.

Gott ist deine MUTTER, oder ist Sie eine Stiefmutter? Ist es etwa eine künstliche Beziehung? Wenn du an Sie keine Forderungen stellen willst, an wen denn sonst? Sage zu Ihr:

MUTTER, bin ich Dein Acht-Monats-Kind?
Deine roten Augen können mich nicht schrecken!

Gott ist deine eigene MUTTER. Stelle deine Forderungen. Weil etwas von der Göttlichen Mutter in mir ist, fühle ich mich zu Ihr hingezogen.
Laß deine weltlichen Pflichten einmal beiseite. Denke ein paar Tage nur an Gott. Du hast gesehen, daß an dieser Welt nichts dran ist.«
Der Meister sang:

Bedenke stets, mein Herz: Niemand gehört zu dir;
vergeblich wanderst du umher in dieser Welt;
in *Mayas* feinem Netzwerk eingefangen
vergiß den Namen deiner MUTTER nicht.

Nur kurz verehren dich die Menschen hier auf Erden
als Herrn und Meister; allzubald muß diese Form,
jetzt so geehrt, verlassen werden,
wenn Meister Tod von dir Besitz ergreift.

Selbst dein geliebtes Weib, um das du dich
beständig sorgst, solang du lebst,
geht nicht mit dir; auch sie wird Abschied nehmen
und deinen toten Leib voll Schauder meiden.

Der Meister fuhr fort: »Was sind das für Dinge, mit denen du dich beschäftigst – Schiedsgerichte und Führerschaft? Ich höre, daß du den Streit der Menschen schlichtest und sie dich zum Schiedsrichter machen. Du hast das lange genug ausgeübt, laß andere sich darum kümmern! Jetzt widme dich mehr und mehr Gott.

Sambhu hat auch gesagt: ›Ich werde Krankenhäuser und Apotheken bauen.‹ Er war ein Gottesverehrer, deshalb sagte ich zu ihm: ›Wirst du Gott um Krankenhäuser und Apotheken bitten, wenn du Ihn siehst?‹

Keshab fragte mich: ›Warum kann ich Gott nicht sehen?‹

Ich sagte: ›Weil du zu sehr mit Namen, Ruhm und Gelehrsamkeit beschäftigt bist. Die Mutter kümmert sich nicht um ihr Kind, solange es mit seinem Spielzeug beschäftigt ist. Wenn es aber das Spielzeug fortwirft und schreit, dann nimmt die Mutter den Reistopf vom Feuer und eilt zu ihm.‹

Du bist mit Schiedsgerichten beschäftigt. Die Göttliche Mutter sagt sich: ›Mein Kind ist fleißig beim Schiedsrichtern und dabei sehr glücklich. Laß es!‹«

Inzwischen hatte Ishan Ramakrishnas Füße ergriffen und sagte bescheiden: »Es ist nicht mein Wille, diese Dinge zu tun.«

Meister: »Ich weiß. Es ist das Spiel der Göttlichen Mutter – Ihr *Lila*. Es ist der Wille der großen Zauberin, daß viele in die Welt verstrickt bleiben.«

Er sang:

Wie viele Boote schwimmen auf dem Ozean der
Welt!
Und wie viele von ihnen sinken!
Von hunderttausend Drachen reißen
sich höchstens ein, zwei Drachen los.
Du lachst und klatschst in Deine Hände,
o MUTTER, wenn Du sie entkommen siehst.

Nur ein oder zwei von hunderttausend erlangen
Befreiung. Der Rest bleibt verstrickt durch den Willen
der Göttlichen Mutter.
Ich betete zur Göttlichen Mutter: ›O MUTTER, ich will
weder Namen noch Ruhm. Ich will keine okkulten
Kräfte. O MUTTER, ich habe kein Verlangen nach
körperlichem Behagen. Bitte, MUTTER, gewähre mir
nur reine Liebe zu Dir.‹«
Die Verehrer lauschten gebannt. Diese Worte brannten
sich in ihre Seelen ein und spornten sie zur Entsagung
an.
Darauf sprach der Meister ein paar ernsthafte Worte zu
Ishan.
Meister: »Verliere nicht den Kopf, wenn man dir
schmeichelt. Schmeichler sammeln sich um einen weltlichen Menschen. Geier sammeln sich um einen Ka-
daver.
Weltliche Menschen haben kein Rückgrat. Die
Schmeichler kommen und sagen: ›Ihr seid so mildtätig
und weise! Ihr seid so fromm!‹ Es sind nur Worte, aber
sie wirken wie spitze Pfeile. Es ist unerträglich, Tag

und Nacht von weltlichen Brahmanen-Pandits umgeben zu sein und ihre Schmeicheleien anhören zu müssen!

Weltliche Menschen sind dreifache Sklaven: Sie sind Sklaven ihrer Frauen, ihres Geldes und ihrer Vorgesetzten. Wie können sie da Rückgrat haben?

Schiedsgericht und Führerschaft! Welch unbedeutende Dinge! Wohltätigkeit und anderen Gutes tun! Du hast genug davon gehabt. Jetzt ist es Zeit für dich, dein Denken auf Gott zu richten. Wenn du Gott erkennst, wirst du auch alles andere erlangen. Erst Gott, und dann die anderen Dinge! Im Moment brauchen sie dich nicht zu bekümmern.

Das sind deine Schwierigkeiten. Es wäre gut, wenn ein *Sannyasin* dir einige spirituelle Anweisungen gäbe. Der Rat eines weltlichen Menschen nützt nichts, auch wenn es ein *Pandit* oder sonst jemand ist.

Sei verrückt – verrückt vor Liebe zu Gott! Laß die Leute glauben, Ishan habe den Verstand verloren und könne seinen weltlichen Pflichten nicht mehr nachkommen. Dann werden sie dich mit Schiedsgericht und Führerschaft in Ruhe lassen. Wirf diese Dinge beiseite und mache deinem Namen ›Ishan‹ Ehre, der eine Bezeichnung *Shivas* ist!«

Ishan zitierte:

MUTTER, mach mich verrückt vor Liebe zu Dir,
was brauch ich Erkenntnis oder Verstand?

Meister: »Verrückt! Das ist es! Shivanath sagte einmal, daß man seinen Kopf verliert, wenn man zu viel an Gott denkt. Ich antwortete: ›Was! Kann man bewußtlos werden, wenn man an Bewußtsein denkt? Gott ist Seinem Wesen nach Ewigkeit, Reinheit und Bewußtsein. Durch Sein Bewußtsein werden wir uns der Dinge bewußt, durch Seine Intelligenz erscheint die ganze Welt intelligent.‹«

Ishan hielt Ramakrishnas Füße und lauschte seinen Worten. Ab und zu warf er einen Blick auf das Bildnis *Kalis* im Schrein. Im Licht der Lampe schien Sie zu lächeln. Es war, als wäre die Gottheit enzückt, die Worte des Meisters zu vernehmen – heilig wie die Worte der *Veden* selbst.

Ishan (auf das Bildnis deutend): »Eure Worte kommen in Wirklichkeit von dort.«

Meister: »Ich bin die Maschine, die Sie bedient. Ich bewege mich, wie Sie mich bewegt, ich spreche, wie Sie durch mich spricht. Man sagt, daß im *Kaliyuga* Gottes Stimme nur vernehmbar wird durch den Mund eines Kindes, eines Verrückten oder eines ähnlichen Menschen.«

Der Meister erhob sich. Er stieg auf die letzte Stufe vor dem Schrein und grüßte die MUTTER, indem er mit seiner Stirn den Boden berührte. Die Verehrer sammelten sich um ihn, fielen ihm zu Füßen und erbaten seinen Segen.

Sonntag, 26. Oktober 1884

Es war nachmittags, und viele Verehrer hatten sich um den Meister versammelt. Unter ihnen waren Manomohan, Mahimacharan und M. Später kamen Ishan und Hazra hinzu.

Ein Verehrer: »Wir hören, daß Ihr Gott schaut. Wenn das stimmt, zeigt Ihn uns bitte.«

Meister: »Alles hängt von Gottes Willen ab. Was vermag ein Mensch? Beim Denken an Gott fließen manchmal Tränen, und manchmal bleiben die Augen trokken. Wenn ich über Gott meditiere, spüre ich an einigen Tagen ein inneres Erwachen, und an anderen Tagen spüre ich gar nichts.

Man muß sich bemühen, nur dann kann man Gott sehen. Einmal hatte ich die Vision eines Dorfteiches. Ein Dorfbewohner schöpfte Wasser, nachdem er den grünen Schaum beiseite geschoben hatte. Diese Vision machte mir klar, daß man das Wasser nur sehen kann, wenn man den grünen Schaum, der es bedeckt, beiseite schiebt. So kann man auch Liebe zu Gott oder Seine Schau nur erlangen, wenn man hart arbeitet. Arbeit bedeutet Meditation, Anbetung und Singen von Gottes Namen und Herrlichkeit. Man kann auch Wohltätigkeit, Opfer und ähnliches hinzufügen.«

Mahimacharan: »Das ist wahr. Arbeit ist sicher notwendig. Man muß hart arbeiten, nur dann hat man Erfolg. Es gibt so viel zu studieren. Die Schriften sind endlos.«

Meister: »Wie viele Schriften kannst du lesen? Was

kann man durch den Verstand erreichen? Versuche zuerst, Gott zu erkennen. Habe Vertrauen zum *Guru*. Wenn du keinen *Guru* hast, dann bete mit verlangendem Herzen zu Gott. ER wird dich erkennen lassen, wer Er ist.

Was kannst du aus Büchern über Gott erfahren? Aus der Ferne hört man vom Markt nur unterschiedslosen Lärm. Das ändert sich aber völlig, wenn man dort ist. Dann hört und sieht man alle Einzelheiten wie: ›Hier sind deine Kartoffeln, nun gib mir das Geld.‹

Aus der Ferne hört man nur das Grollen des Ozeans. Kommt man aber ans Ufer, dann sieht man Segelboote, Möwen und rollende Wogen.

Durch das Studium von Büchern gewinnt man kein echtes Gefühl für Gott. Diese Empfindung ist etwas ganz anderes als Buchwissen. Bücher, Schriften und Wissenschaften erscheinen einem wie leeres Stroh, wenn man Gott erkannt hat.«

Mahimacharan: »Durch welche Art von Arbeit kann man Gott erkennen?«

Meister: »Es ist nicht so, daß man Ihn durch diese Arbeit erkennt und durch jene nicht. Die Schau Gottes hängt von Seiner Gnade ab. Dennoch muß der Mensch ein wenig tun und dabei im Herzen nach Gott verlangen. Besitzt er dies Verlangen, dann trifft ihn auch Gottes Gnade.

Um Gott erlangen zu können, bedarf es gewisser günstiger Bedingungen: der Gesellschaft von Heiligen, des Unterscheidungsvermögens und des Segens eines echten Lehrers. Vielleicht übernimmt sein Bruder die Verantwortung für die Familie, vielleicht ist seine Frau spirituell und tugendhaft; vielleicht ist er weder verheiratet noch ins weltliche Leben verstrickt. Wenn diese Bedingungen erfüllt sind, wird er auch Erfolg haben.

Ihr müßt geistig entsagen. Lebt als Familienväter, aber unverhaftet. Wohin wollt ihr aus dieser Welt gehen? Lebt in der Welt wie ein herabgefallenes Blatt im Sturm. Solch ein Blatt wird manchmal in ein Haus geweht und manchmal auf einen Abfallhaufen. Das Blatt folgt dem Wind – manchmal zu einem guten und manchmal zu einem schlechten Platz. Gott hat euch in die Welt gestellt. Das ist gut, bleibt dort. Wenn Er euch hier herausnimmt und auf einen besseren Platz stellt, ist immer noch Zeit genug, darüber nachzudenken, was dann zu tun ist.

Gott hat euch in die Welt gestellt. Was könnt ihr da tun? Überlaßt alles Ihm, ergebt euch Ihm, dann gibt es keine weitere Verwirrung. Dann werdet ihr erkennen, daß Gott in Wirklichkeit alles tut. Alles hängt ab vom ›Willen *Ramas*‹.«

Ein Verehrer: »Was hat es mit dem ›Willen *Ramas*‹ auf sich?«

Meister: »In einem Dorf lebte einmal ein Weber. Er war eine fromme Seele. Jeder vertraute ihm und liebte ihn. Er verkaufte seine Ware auf dem Markt. Wenn ein Kunde ihn nach dem Preis seines Stoffes fragte, sagte er: ›Nach dem Willen *Rama* kostet das Garn eine Rupie, die Arbeit vier Annas, nach dem Willen *Ramas* ist der Gewinn zwei Annas. Der Stoff kostet somit nach dem Willen *Ramas* eine Rupie und sechs Annas.‹ Das Vertrauen der Leute war so groß, daß sie sofort den Preis bezahlten. Der Weber war ein wirklicher Gottesverehrer. Nach dem Abendessen verbrachte er viele Stunden in der Andachtshalle, um zu meditieren und Gottes Namen und Ruhm zu singen. Eines Nachts konnte er nicht schlafen. Er saß in der Andachtshalle und rauchte, als eine Räuberbande vorbeikam. Sie suchten jemanden zum Tragen ihrer Beute, ergriffen den Weber und nahmen ihn mit. Nachdem sie in ein Haus eingebrochen waren, luden sie ihre Beute dem Weber auf, der sie tragen mußte. Plötzlich kam die Polizei, und die Räuber stoben davon. Der Weber wurde mit seiner Last ergriffen und eingesperrt. Am nächsten Tag wurde er vor den Richter gebracht. Die Dorfbewohner hörten, was sich ereignet hatte, kamen auf das Gericht und bekundeten, daß dieser Mann keines Einbruchs fähig sei. Darauf bat der Richter den Weber, den Vorgang zu schildern.

Der Weber sagte: ›Euer Ehren, nach dem Willen *Ramas* hatte ich mein Abendessen beendet und saß nach dem Willen *Ramas* in der Andachtshalle. Nach dem Willen *Ramas* hatte ich an Gott gedacht und Seinen Namen und Ruhm gesungen, als nach dem Willen *Ramas* eine Räuberbande vorbeikam. Nach dem Willen *Ramas* schleppten sie mich fort, nach dem Willen *Ramas* verübten sie einen Einbruch, und nach dem Willen *Ramas* luden sie mir die Beute auf. Gerade da traf nach dem

Willen *Ramas* die Polizei ein und nahm mich nach dem Willen *Ramas* fest. Nach dem Willen *Ramas* wurde ich über Nacht eingesperrt, und nach dem Willen *Ramas* stehe ich heute morgen vor Euer Ehren.‹ Der Richter erkannte, daß der Weber ein frommer Mann war und ließ ihn frei. Auf dem Heimweg sagte der Weber zu seinen Freunden: ›Nach dem Willen *Ramas* bin ich freigelassen worden.‹

Ob ein Mensch ein Familienvater oder ein Mönch wird, hängt vom Willen *Ramas* ab. Überlaßt alles Gott und tut in der Welt eure Pflicht. Was könnt ihr sonst tun?

Wenn ein Familienvater zum *Jivanmukta* wird, lebt er in der Welt, wie es ihm gefällt. Ein Mensch, der Erkenntnis erlangt hat, unterscheidet nicht mehr zwischen diesem und jenem Ort. Alle Orte sind ihm gleich.

Als ich Keshab zum ersten Mal begegnete, bemerkte ich: ›Er ist der einzige, der seinen Schwanz abgeworfen hat.‹ Darauf lachten alle. Keshab sagte: ›Lacht nicht! Die Worte haben sicher eine Bedeutung. Wir wollen ihn danach fragen.‹ Ich sagte darauf zu Keshab: ›Solange die Kaulquappe ihren Schwanz nicht abgeworfen hat, kann sie nur im Wasser leben und nicht auf dem Land. Sobald sie aber den Schwanz abwirft, springt sie ans Ufer und kann an Land wie auch im Wasser leben. Solange ein Mensch den Schwanz der Nichterkenntnis nicht abgeworfen hat, kann er nur im Wasser der Welt leben. Wirft er aber den Schwanz ab, das heißt, erlangt er Gotterkenntnis, dann kann er als freie Seele umherschweifen oder als Familienvater leben, wie es ihm gefällt.‹«

Mahimacharan und die anderen Verehrer lauschten versunken den Worten des Meisters.

Meister: »In Begleitung von Mathur besuchte ich einmal Devendranath Tagore. Ich hatte zu Mathur gesagt: ›Ich habe gehört, daß Devendra Tagore an Gott denkt und würde ihn gern einmal sehen.‹ ›In Ordnung‹, sagte Mathur, ›wir waren zusammen an der Hindu-Universität, und ich kenne ihn gut.‹ Wir begaben uns also zu Devendra. Die beiden hatten sich lange nicht gesehen, und Devendra sagte zu Mathur: ›Du hast dich ein wenig verändert, du bist dicker geworden.‹ Mathur sagte, auf mich deutend: ›Er wollte dich sehen, er ist stets verrückt nach Gott.‹ Ich wollte Devendras körperliche Merkmale sehen und sagte: ›Darf ich Euren Körper sehen?‹ Er zog sein Hemd hoch, und ich sah, daß er eine sehr helle, rötliche Haut hatte. Seine Haare waren noch nicht grau.

Der erste Eindruck zeigte mir ein wenig Eitelkeit. Das war nur natürlich, er war reich, gelehrt, genoß Ansehen und Ruhm. Die Eitelkeit bemerkend, sagte ich zu Mathur: ›Ist Eitelkeit nun die Folge von Erkenntnis oder Nichterkenntnis? Kann ein Kenner *Brahmans* Empfindungen haben wie ›ich bin ein Gelehrter‹, ›ich bin ein *Jnani*‹ oder ›ich bin reich‹?«

Während ich mich mit Devendra unterhielt, geriet ich plötzlich in den Zustand, in dem ich durch die Menschen hindurchblicken kann. Ich wurde von Lachen geschüttelt. In diesem Zustand sind Gelehrte und Bücherwürmer Stroh für mich. Wenn ich sehe, daß ein Gelehrter weder Unterscheidung noch Entsagung besitzt, betrachte ich ihn als wertloses Stroh. Ich sehe, daß er einem Aasgeier gleicht, der hoch oben schwebt, aber seinen Blick auf die Abfallgrube gerichtet hat.

Ich fand, daß Devendra in seinem Leben *Yoga* und *Bhoga* in Einklang gebracht hatte. Er besaß eine Anzahl jüngerer Kinder. Obgleich ein *Jnani,* war er dennoch ins weltliche Leben vertieft. Ich sagte zu ihm: ›Ich habe gehört, daß Ihr in der Welt lebt und an Gott denkt. Deshalb wollte ich Euch sehen. Erzählt mir bitte etwas über Gott.‹

Er zitierte aus den *Veden.* Er sagte: ›Dieses Universum ist wie ein Kronleuchter, und jedes lebende Wesen ist ein Licht an ihm.‹ Als ich einmal im *Panchavati* meditierte, hatte ich eine ähnliche Vision. Seine Worte stimmten mit meiner Vision überein, und ich dachte, daß er ein bedeutender Mann sein müsse. Ich bat ihn, seine Worte zu erklären. Er sagte: ›Gott hat den Menschen geschaffen, um Seine eigene Herrlichkeit zu manifestieren. Wer könnte sonst das Universum erkennen? Alles wäre dunkel ohne die Lichter des Kronleuchters. Den Kronleuchter selbst kann man aber nicht sehen.‹

Wir unterhielten uns lange. Devendra war erfreut und sagte: ›Ihr müßt unser *Brahmo-Samaj*-Fest besuchen.‹ ›Das hängt von Gottes Willen ab‹, sagte ich. ›Ihr seht meinen Bewußtseinszustand. Niemand weiß, wann Gott mich in einen bestimmten Zustand versetzt.‹ Devendra drängte: ›Nein, Ihr müßt kommen. Zieht Euch vollständig an und legt einen Schal um. Man könnte unfreundliche Bemerkungen über Eure Unordentlichkeit machen, und das würde mich verletzen.‹ ›Das kann ich nicht versprechen‹, sagte ich, ›ich bin kein vornehmer Herr.‹ Devendra und Mathur lachten. Schon am nächsten Tag erhielt Mathur einen Brief von Devendra, in dem er mir verbot, das Fest zu besuchen. Er schrieb, daß es unfein wäre, wenn ich meinen Körper nicht mit einem Schal bedeckte. (Alle lachten) (Zu Mahima) Du erklärst ›*AUM*‹ nur als A, U und M.«

Mahima: »Ja, sie bedeuten Schöpfung, Erhaltung und Auflösung.«

Meister: »Ich wähle als Beispiel den Klang eines Gongs: Tom, t-o-m. Es ist das Aufgehen des *Lila* im *Nitya*. Das Grobe, Feine und Kausale versinkt in der Großen Ursache. Wachen, Träumen und Tiefschlaf gehen auf in *Turiay*. Der Gong tönt, als ob ein schweres Gewicht in einen großen Ozean fällt. Wellen steigen empor, das Relative entsteht aus dem Absoluten. Die kausalen, feinen und groben Körper entstehen aus der Großen Ursache. Aus *Turiya* gehen Tiefschlaf, Träumen und Wachen hervor. Diese Wellen erheben sich aus dem Großen Ozean und fallen zurück in den Großen Ozean. Vom Absoluten zum Relativen und vom Relativen zum Absoluten. Deshalb das Beispiel vom Klang eines Gongs: ›Tom‹. Ich habe diese Dinge deutlich wahrgenommen. Mir wurde enthüllt, daß es einen unbegrenzten Ozean des Bewußtseins gibt. Aus Ihm entstehen alle Dinge der relativen Ebene, und in Ihn fallen sie alle wieder zurück.«

Mahima: »Denen solche Dinge enthüllt wurden, war es nicht möglich, die Schriften zu verfassen. Sie waren so versunken in ihre eigenen Erfahrungen, daß sie nicht schreiben konnten. Andere hörten durch die Seher davon und haben die Bücher geschrieben.«

Sonnabend, 6. Dezember 1884

Adhar wohnte in Sobhabazar im Norden Kalkuttas. Fast jeden Tag, wenn er seine harte Arbeit im Büro beendet hatte und am späten Nachmittag heimkam, besuchte er Ramakrishna. Er fuhr von seinem Hause in einer Mietdroschke nach Dakshineswar. Seine ganze Freude war der Anblick des Meisters. Von seinen Worten vernahm er nur wenig, denn nach der Begrüßung und dem Besuch der Tempel legte er sich auf Bitten des Meisters auf den Fußboden und war bald eingeschlafen. Er fühlte sich gesegnet, den Gott-Menschen von Dakshineswar sehen zu dürfen. Auf Bitten Adhars besuchte Ramakrishna oft sein Haus. Seine Besuche waren der Anlaß zu religiösen Festen. Zahlreiche Gottesverehrer kamen, und Adhar bewirtete sie üppig.

Ramakrishna und seine Begleiter erreichten Adhars Haus. Alle waren in freudiger Stimmung. Adhar hatte ein großes Fest veranstaltet. Viele Freunde waren anwesend. Auf Adhars Einladung waren einige Gemeindeabgeordnete gekommen, die den Meister beobachten und seine Heiligkeit beurteilen wollten. Unter ihnen befand sich auch Bankim Chandra Chatterji, eine der größten literarischen Gestalten Bengalens zu Ende des neunzehnten Jahrhunderts. Er war einer der Schöpfer der modernen bengalischen Literatur und schrieb über soziale und religiöse Themen. Bankim war ein Produkt der Berührung Indiens mit England. Er schuf eine moderne Interpretation der Hindu-Schriften und trat für drastische Sozialreformen ein.

Ramakrishna hatte sich angeregt mit den Verehrern unterhalten, als ihm Adhar verschiedene seiner Freunde vorstellte.

Adhar (Bankim vorstellend): »Er ist ein großer Gelehrter und hat viele Bücher geschrieben. Er ist gekommen, um Euch zu sehen. Sein Name ist Bankim Babu.«

Meister (lächelnd): »Bankim! Nun, was hat Euch gebeugt?« (»*Bankim*« heißt wörtlich »gebeugt«)

Bankim: »Stiefel sind dafür verantwortlich. Die Tritte unserer weißen Herren haben meinen Körper gebeugt.«

Meister: »Nein, mein Lieber, *Krishna* war von Seiner ekstatischen Liebe gebeugt. Sein Körper war durch Seine Liebe zu *Radha* dreimal gebeugt. So erklären einige Leute *Krishnas* Gestalt. Wißt Ihr, weshalb Er tiefblau ist und von kleiner Gestalt? Gott sieht aus der Ferne betrachtet so aus. Auch das Wasser des Ozeans ist blau aus der Ferne. Geht man aber an den Ozean heran und nimmt sein Wasser in die Hand, dann ist es klar und durchsichtig. Die Sonne erscheint uns klein, weil wir so weit entfernt sind. Wenn man Gottes wahres Wesen kennt, erscheint Er weder blau noch klein. Doch für diese Schau muß man einen weiten Weg zurücklegen, man hat sie nur im *Samadhi*. Solange ›Ich‹ und ›Du‹ vorhanden sind, sind auch Namen und Formen vorhanden. Alles ist Gottes *Lila*, Sein Spiel und Vergnügen. Solange ein Mensch sich des ›Ich‹ und ›Du‹ bewußt ist, erfährt er die Manifestation Gottes durch die verschiedenen Formen.«

Bankim: »Warum predigt Ihr nicht?«

Meister (lächelnd): »Predigen? Nur Eitelkeit läßt einen Menschen ans Predigen denken. Der Mensch ist ein unbedeutendes Geschöpf. Gott allein predigt – Gott, der die Sonne und den Mond geschaffen und so das Universum erleuchtet hat. Ist Predigen solch eine Kleinigkeit? Man kann nur predigen, wenn Gott sich einem enthüllt und man den Auftrag zum Predigen erhält. Ihr habt keinen Auftrag, aber redet Euch trotzdem heiser. Die Leute werden Euch ein paar Tage zuhören und dann alles vergessen. Es ist wie bei jeder Sensation: Solange Ihr sprecht, sagen die Menschen: ›Ah, wie gut er reden kann!‹ Aber in dem Augenblick, wo Ihr aufhört, ist alles vergessen. Wenn Gott sich Euch enthüllt und Euch den Auftrag gibt, dann könnt Ihr predigen und die Leute belehren. Habt Ihr jedoch keinen solchen Auftrag, wird niemand Euch zuhören.«

Die Besucher lauschten aufmerksam.

Meister (zu Bankim): »Ich habe gehört, daß Ihr ein großer Gelehrter seid und viele Bücher geschrieben habt. Was haltet Ihr für die Pflichten des Menschen? Was wird ihn nach dem Tode begleiten? Ihr glaubt doch an ein Leben nach dem Tode, nicht wahr?«

Bankim: »Leben nach dem Tode? Was ist das?«

Meister: »Wenn ein Mensch stirbt, nachdem er Erkenntnis erlangt hat, braucht er keine weitere Existenz mehr durchzumachen, er wird nicht wiedergeboren. Solange er aber keine Erkenntnis hat, solange er Gott nicht verwirklicht hat, muß er auf diese Erde zurückkehren, da gibt es kein Entkommen. Für ihn gibt es ein Leben nach dem Tode. Ein Mensch ist befreit, wenn er Erkenntnis erlangt und Gott verwirklicht hat. Er braucht nicht auf die Erde zurückzukommen. Gekochter Reis kann nicht mehr keimen. Wenn ein Mensch im Feuer der Erkenntnis gekocht ist, kann er am Spiel der Schöpfung nicht mehr teilnehmen. Was nützt es, gekochten Reis auszusäen?

Nun, was haltet Ihr für die Pflichten des Menschen?«

Bankim (lächelnd): »Wenn Ihr mich danach fragt, dann würde ich sagen: essen, schlafen und Sex.«

Meister (scharf): »Ihr seid sehr dreist? Das, womit Ihr Tag und Nacht beschäftigt seid, kommt auch aus Eurem Mund. Man stößt nach dem auf, was man gegessen hat. Ihr lebt Tag und Nacht inmitten von ›Frauen und Gold‹, deshalb könnt Ihr von nichts anderem reden. Wenn man unentwegt an weltliche Dinge denkt, wird man berechnend und betrügerisch. Denkt man aber an Gott, dann wird man rein und arglos. Ein Mensch, der Gott geschaut hat, wird niemals aussprechen, was Ihr eben gesagt habt. Was nützt die Gelehrsamkeit eines *Pandits*, wenn er nicht an Gott denkt und keine Unterscheidung und Entsagung besitzt!

Ein *Pandit* hat sicher viele Bücher und Schriften studiert, er kann die Texte herunterrattern und Bücher darüber schreiben. Wenn er aber den Frauen verhaftet ist, wenn er Geld und Ehre für das Wesentlichste hält, dann ist er kein *Pandit*. Wie kann jemand ein *Pandit* sein, wenn er sich nicht mit Gott beschäftigt?

Einige werden über die Gottesverehrer sagen: ›Tag und Nacht reden sie von Gott. Sie sind wahnsinnig, sie haben den Verstand verloren. Wie schlau sind wir dagegen! Wir genießen Sinnesvergnügen, Geld und Ehre!‹ Die Krähe glaubt auch, ein schlauer Vogel zu sein, aber wenn sie morgens aufwacht, füllt sie zuerst ihren Magen mit dem Unrat anderer. Habt Ihr bemerkt, wie sie umherstolziert? Ein wirklich schlauer Vogel!«

Es herrschte Totenstille.

Ramakrishna fuhr fort: »Wie ein Schwan aber sind diejenigen, die an Gott denken, die Tag und Nacht darum beten, von ihren Verhaftungen befreit zu werden. Sie suchen nur die Seligkeit des Herrn, weltliche Vergnügen schmecken ihnen bitter. Wenn man einem Schwan Milch, mit Wasser gemischt, vorsetzt, dann trinkt er nur die Milch und läßt das Wasser zurück.

Habt Ihr einmal die Haltung eines Schwanes beobachtet? Er geht geradeaus in eine Richtung. So ist es auch mit den echten Gottesverehrern, sie marschieren nur auf Gott zu. Sie suchen nichts anderes, sie genießen nichts anderes.

(Besänftigend zu Bankim:) Fühlt Euch bitte durch meine Worte nicht verletzt.«

Bankim: »Ich bin nicht hergekommen, um Loblieder zu hören.«

Meister: »Die Welt besteht aus ›Frauen und Gold‹, sie allein schaffen diese *Maya*. Sie verhindern, daß wir Gott sehen oder an Ihn denken. Nach der Geburt von ein oder zwei Kindern sollten Mann und Frau wie Bruder und Schwester leben und nur über Gott reden. Dann fühlen sich beide zu Gott hingezogen, und die Frau wird dem Mann eine Hilfe sein auf dem spirituellen Weg. Niemand kann göttliche Seligkeit genießen, ohne alle niederen Empfindungen aufgegeben zu haben. Ein Suchender sollte Gott bitten, ihm zu helfen, diese Empfindungen loszuwerden. Es muß ein aufrichtiges Gebet sein. Gott ist unser Innerer Herrscher. ER wird unser Gebet erhören, wenn es aufrichtig ist.

Was Gold anbelangt, so habe ich im *Panchavati* am Ganges gesessen und gesagt: ›Rupie ist Lehm und Lehm ist Rupie‹, und dann beides in den Ganges geworfen.«

Bankim: »Geld ist Lehm? Wenn man etwas davon besitzt, kann man den Armen helfen. Wäre Geld

Lehm, dann könnte man es nicht für Wohltätigkeit einsetzen oder anderen Gutes damit tun.«

Meister: »Wohltätigkeit! Gutes tun! Wie könnt Ihr behaupten, anderen Gutes tun zu können? Die Menschen prahlen zu sehr.

Wenn ein Familienvater ein wahrer Gottesverehrer ist, dann versieht er seine Pflichten unverhaftet. Er bringt die Früchte seiner Arbeit Gott dar, er betet Tag und Nacht um Hingabe und nichts anderes. Pflichterfüllung ohne Verhaftung ist ein Handeln ohne ein Motiv des Vorteils. Auch ein *Sannyasin* muß unverhaftet tätig sein, aber er hat keine weltlichen Pflichten wie ein Familienvater.

Wenn ein Familienvater unverhaftet wohltätig ist, dann tut er sich selbst Gutes und nicht den anderen. Er dient Gott, Ihm, der in allen Wesen wohnt; und damit tut er sich selbst Gutes und nicht den anderen. Wenn man Gott in allen Wesen dient, ohne Namen und Ansehen oder den Himmel nach dem Tode zu erwarten, dann ist es selbstloses Tun – Arbeit ohne Verhaftung. Das ist *Karma Yoga* – auch ein Weg zur Gottverwirklichung. Im *Kaliyuga* ist das ein sehr schwerer Weg.

Anderen helfen, anderen Gutes tun, das ist allein Gottes Werk, der für die Menschen Sonne und Mond, Vater und Mutter, Früchte, Blumen und Korn geschaffen hat. Die Liebe der Eltern ist Gottes Liebe. ER gab sie ihnen, um Seine Schöpfung zu erhalten. Die Barmherzigkeit der Mitfühlenden ist die Barmherzigkeit Gottes.

ER gab sie ihnen, um die Hilflosen zu beschützen. Ob ihr mildtätig seid oder nicht, ER wird Sein Werk vollenden. Nichts kann Ihn aufhalten.

Was ist also die Pflicht des Menschen? Was könnte sie anderes sein, als Zuflucht bei Gott zu suchen und mit verlangendem Herzen um Seine Schau zu beten!

(Zu Bankim:) Einige glauben, daß Gott ohne Studium von Büchern und Schriften nicht verwirklicht werden kann; sie meinen, daß man erst über diese Welt und ihre Geschöpfe etwas wissen muß, daß man als erstes ›Wissenschaft‹ studieren müsse. Sie denken, daß man Gott nicht erkennen kann, wenn man nicht zuvor Seine Schöpfung verstanden hat. Was kommt zuerst, ›Wissenschaft‹ oder Gott? Was meint Ihr?«

Bankim: »Auch ich bin der Meinung, daß man erst über die verschiedenen Dinge der Welt Bescheid wissen muß. Wie können wir etwas über Gott wissen, ohne etwas über diese Welt zu wissen? Zuerst sollten wir aus Büchern lernen.«

Meister: »Das ist euer ständiges Gerede! Aber erst kommt Gott, und dann die Schöpfung. Wenn ihr Gott kennt, kennt ihr alles andere, aber dann interessieren euch die kleinen Dinge nicht mehr. Das gleiche sagen die *Veden*. Man spricht über die Tugenden eines Menschen, solange er nicht da ist. Taucht er auf, hört solches Gerede auf. Man freut sich, ihn zu sehen, und ist froh, mit ihm sprechen zu können. Über seine Tugenden wird nicht mehr geredet.

Erkennt zuerst Gott, dann denkt an die Schöpfung und

andere Dinge. Wenn ihr das Eine kennt, kennt ihr alles andere. Wenn man hinter die Eins fünzig Nullen setzt, erhält man eine große Summe; nimmt man aber die Eins weg, dann bleibt nichts. Es ist die Eins, die das Viele schafft. Erst Gott, dann Seine Schöpfung und die Welt.

Betet mit verlangendem Herzen zu Gott. ER wird euch erhören, wenn euer Gebet aufrichtig ist. ER wird euch vielleicht zu Heiligen führen, damit ihr ihre Gesellschaft genießt und sie euch auf den spirituellen Weg bringen.«

Trailokya begann zu singen. Ramakrishna stand plötzlich auf und verlor das Bewußtsein der äußeren Welt. Er ging in *Samadhi*. Die Verehrer standen um ihn herum. Bankim drängte sich zum Meister vor und beobachtete ihn aufmerksam. Er hatte noch nie jemanden in *Samadhi* gesehen.

Nach einigen Minuten erlangte Ramakrishna einen Teil seines Wachbewußtseins zurück und begann, in Ekstase zu tanzen. Es war eine unvergeßliche Szene. Bankim und seine Freunde betrachteten ihn voller Erstaunen. Sie fragten sich: »Ist das der gottberauschte Zustand?« Die Verehrer betrachteten ihn auch mit verwunderten Augen. Als Tanz und Gesang beendet waren, nahm der Meister wieder Platz, und alle saßen um ihn herum.

Bankim: »Wie kann man Liebe zu Gott entwickeln?«
Meister: »Durch Ruhelosigkeit – Ruhelosigkeit, wie ein Kind sie seiner Mutter gegenüber empfindet. Wenn ein

Mensch nach Gott weint wie ein Kind nach seiner Mutter, dann kann er Ihn auch sehen.

In der Morgendämmerung färbt sich der östliche Horizont rot. Dann weiß man, daß die Sonne bald aufgeht. Wenn ein Mensch ruhelos ist nach Gott, dann darf man sicher sein, daß er bald Seine Schau haben wird.

Was werdet ihr erreichen, wenn ihr an der Oberfläche treibt? Der Edelstein ist schwer, er schwimmt nicht, sondern sinkt auf den Grund. Um den Edelstein zu finden, müßt ihr tief tauchen.«

Bankim: »Was können wir tun? Wir sind an einen Korken festgebunden; der hindert uns am Tauchen.« (Alle lachten)

Meister: »Alle Sünden schwinden, wenn man an Gott denkt. Sein Name zerbricht die Fesseln des Todes. Ihr müßt tauchen, wenn ihr den Edelstein haben wollt.«

Bankim verbeugte sich tief, er wollte sich verabschieden.

Bankim: »Ich bin kein solcher Idiot, wie Ihr glaubt. Ich habe eine Bitte: Seid so gütig und segnet mein Haus mit dem Staub Eurer Füße!«

Meister: »Das ist gut. Ich werde kommen, wenn Gott es will.«

Bankim ging, aber er war geistesabwesend. Als er die Tür erreichte, stellte er fest, daß er in Hemdsärmeln war; er hatte seinen Schal vergessen. Jemand gab ihn ihm.

DIE BEGEGNUNG MIT VIVEKANANDA

DIE BEGEGNUNG MIT
VIVEKANANDA

Nach dem Tode von Ramakrishna wurde von seinen Schülern im Jahre 1886 ein Mönchsorden gegründet: die Ramakrishna-Mission. Ihr Leiter war Swami Vivekananda, der die Botschaft des Meisters in ganz Indien und in fernen Ländern verbreitete.

Vor seiner Einweihung hieß Vivekananda, der Lieblingsschüler von Ramakrishna, Narendra Nath. Er wurde 1863 als Sohn einer vornehmen Familie in Kalkutta geboren.

Die Natur hatte ihn mit einer stark religiösen Neigung, mit durchdringendem Verstand und lebhafter Phantasie begabt. Er liebte die Wahrheit, war unabhängig und voller Unerschrockenheit. Er studierte Philosophie und übte sich in Zucht und Enthaltsamkeit, aber seine Sehnsucht nach Gott-Verwirklichung wurde weder durch Lehren noch durch seine Meditation befriedigt. So ging er – ein Jüngling von siebzehn Jahren – auf Rat eines Freundes nach Dakshineswar, um Ramakrishna, den großen Heiligen, dort aufzusuchen. Von diesem Besuch berichtet Ramakrishna:

»Eines Tages sah ich in Samadhi, wie mein Geist einen leuchtenden Pfad emporglitt, immer weiter hinauf, jenseits der grobmateriellen Welt und ihrem Firmament, besät mit Sonne, Mond und Sternen, und so in eine feinere Gedankenregion einging. Je mehr er sich zu immer höheren Schichten dieser Region erhob, desto wunderbarer wurden die Götter und Göttinnen, die ich zu beiden Seiten des Pfades erblickte. So gelangte mein Geist allmählich zum äußersten Ende dieses Bereichs. Dort trennte eine Scheidewand aus Licht die Region des Teilbaren von der des Unteilbaren. Mein Geist schwang sich über diese Scheidewand hinweg und drang langsam weiter in die Sphäre des Unteilbaren vor. Hier gab es keinerlei Formen mehr, weder menschliche noch sachliche. Aber schon im nächsten Augenblick gewahrte ich sieben weise Rishis mit Leibern nur aus Licht, die in Samadhi versunken waren. Ich fühlte, daß sie an Vortrefflichkeit und Erkenntnis, an Liebe und Entsagung nicht nur Menschen, sondern selbst Götter und Göttinnen übertrafen. Während ich über ihre Erhabenheit nachsann, verdichtete sich vor meinen Augen ein Teil der vollkommen einheitlichen Lichtflut der »Stätte« des Unteilbaren, ohne jegliche Spur eines Unterschiedes, und verwandelte sich in die Gestalt eines göttlichen Kindes. Es ließ sich zu einem der Rishis nieder, schlang seine weichen zarten Arme um ihn, rief ihn an mit Worten, süßer als die Töne der Vina und gab sich allergrößte Mühe, ihn aus dem Samadhi zu erwecken. Durch diese zarte, liebreiche Berührung kam der Rishi zu sich und blickte mit noch halb geschlossenen Augen auf das wundersame Kind. Als ich seinen strahlenden Ausdruck voller Entzücken sah, ging es mir durch den

Sinn, daß dieses Kind das Kleinod seines Herzens war – sie schienen von Ewigkeit her vertraut. Strahlend vor Freude sagte das göttliche Kind zu ihm: ›Ich gehe jetzt, Du mußt mir folgen.‹ Der Rishi erwiderte nichts, aber seine liebeerfüllten Augen drückten seine herzliche Zustimmung aus. Während sie noch eine Zeitlang voller Liebe auf dem Kind ruhten, versank er wieder in Samadhi. Dann sah ich verwundert, wie ein Teil vom Körper und Geist des Rishis sich in strahlendes Licht verwandelte und auf die Erde herabsenkte. Kaum erblickte ich Narendra zum ersten Mal, als ich in ihm den Rishi erkannte.

Narendra betrat mein Zimmer durch die westliche Tür. Er war unbekümmert in seiner Kleidung und achtete nicht auf die äußere Welt. Seine Augen schienen nach innen zu blicken, als seien sie auf ein Inwendiges konzentriert.

Ich bat ihn, sich auf die ausgebreitete Matte zu setzen. Die Freunde, mit denen er gekommen war, schienen gewöhnliche junge Leute zu sein mit der üblichen Neigung, sich zu unterhalten. Auf meine Bitten sang er einige bengalische Lieder. Sie drangen aus einem hingabevollen Herzen, das sich nach der Vereinigung mit dem Selbst sehnte. Er legte so viel Empfindung in den Gesang, daß ich mich nicht zurückhalten konnte, sondern in einen Zustand der Ekstase versank.«

Weiter beschreibt Narendra Nath diese Begegnung: »Ich sang Lieder. Da stand Ramakrishna plötzlich auf, nahm mich bei der Hand, führte mich auf die nördliche

Veranda und schloß die Tür hinter uns. Wir waren allein, und ich glaubte, er würde mir nun einige persönliche Belehrungen geben. Zu meinem äußersten Erstaunen aber vergoß er Tränen der Freude, und während er meine Hand hielt, sprach er voller Zärtlichkeit, als sei ich ihm lange schon vertraut: ›So spät bist Du gekommen. Wie konntest Du mich so lange warten lassen. Meine Ohren sind fast verbrannt von dem Gespräch weltlicher Menschen. Ich sehne mich danach, meine Gedanken einem Menschen gegenüber zu entlasten, der meine innersten Erfahrungen verstehen kann.‹ Und mehr noch sprach er unter Tränen. Dann stand er mit gefalteten Händen vor mir und begann mich mit ›Herr‹ anzusprechen, als sei ich eine Verkörperung von Narayana, auf die Erde gekommen, um das Elend von der Menschheit zu nehmen.

Ich war entsetzt über dieses Benehmen: Wer ist dieser Mensch, dachte ich. Er muß wahnsinnig sein, bin ich doch der Sohn von Viswanath Dutt. Aber ich schwieg und ließ ihn fortfahren. Er ging in sein Zimmer zurück und brachte mir Süßigkeiten. Dann hielt er meine Hand und sprach: ›Versprich mir, daß Du sobald wie möglich allein zu mir zurückkommen wirst.‹

Auf sein beharrliches Drängen hin sagte ich: ja, und wir gingen zu meinen Freunden zurück.

Ich beobachtete ihn und fand nichts Falsches in seinen Worten, Bewegungen oder seiner Haltung anderen gegenüber. Es bestand eine bemerkenswerte Übereinstimmung zwischen seinen Worten und seinem Leben.

Er sprach: ›Gott kann erfahren werden. Man kann Ihn sehen und mit Ihm reden, genau wie mit Euch. Aber wer versucht dies? Die Menschen vergießen Fluten von Tränen für ihr Weib und ihre Kinder, für Reichtum und Besitz, wer aber tut dies um Gottes willen? Wenn man ernsthaft nach Ihm weint, wird Er sich mit Sicherheit offenbaren.‹

Ich wußte, daß diese Worte nur aus der Tiefe eigener Erfahrung kommen konnten und bewunderte die Größe seiner Entsagung. Dennoch konnte ich dies alles nicht in Einklang mit seinem seltsamen Benehmen mir gegenüber erklären. Vielleicht war er ein Wahnsinniger und doch der Heiligste der Heiligen, ein wahrer Weiser, dem die Verehrung der Menschen zukommt. Mit solchen widerstreitenden Gedanken verbeugte ich mich vor ihm und ging nach Kalkutta zurück.«

Es verging etwa ein Monat, ehe Narendra Nath den Meister zum zweiten Male – nun allein – besuchte. Über diese ereignisreiche Begegnung schreibt er: »Er saß allein auf seiner schmalen Bettstatt. Voller Freude mich zu sehen, befahl er mir liebevoll, mich neben sein Bett zu setzen. Er murmelte einige Worte vor sich hin und rückte mit fest auf mich gerichteten Augen näher zu mir hin. Diese Berührung weckte etwas ganz Neues in mir. Mit offenen Augen sah ich, wie die Mauern und alles andere im Zimmer umeinander wirbelten und sich in Nichts auflösten. Das ganze Weltall, zusammen mit meiner eigenen Person, waren im Begriff, in eine alles umfassende geheimnisvolle Leere zu versinken.

Ich erschrak furchtbar und dachte, dies sei der Tod, da der Verlust der Individualität nur dies bedeuten kann. Nicht fähig, mich zu beherrschen, rief ich: ›Was tust Du mir? Ich habe Eltern zu Haus.‹ Er lachte und schlug auf meine Brust mit den Worten: ›Nun gut, lassen wir es für heute. Alles wird zu seiner Zeit kommen.‹

Im gleichen Augenblick schwand diese seltsame Erfahrung von mir. Ich war wieder ich selbst und fand alles im Zimmer und außerhalb wie zuvor. Ich konnte mir diese seltsamen Ereignisse nicht erklären, war aber entschlossen, tiefer in das Geheimnis einzudringen.«

Beim dritten Besuch geschah das gleiche, trotzdem Narendra Nath sich vorgenommen hatte, nicht wieder Ramakrishnas Einfluß zu unterliegen. An diesem Tag nahm ihn der Meister in den anliegenden Garten von Jadunath Mallik. Nachdem sie dort eine Zeitlang herumgegangen waren, setzten sie sich in das Besuchszimmer. Bald fiel der Meister in Trance, und während ihn Narendra beobachtete, fühlte er plötzlich seine Berührung. Sofort verlor er das äußere Bewußtsein, und als er nach einiger Zeit wieder zu sich fand, sah er, daß der Meister auf seine Brust schlug.

Narendra wußte nicht, was in der Zwischenzeit geschehen war. Der Meister aber erfuhr seltsame Dinge über ihn und sprach später davon: »Ich stellte ihm einige Fragen, während er sich in diesem Zustand befand. Ich fragte ihn nach seinen Vorfahren, nach seinem Auftrag in dieser Welt und nach der Dauer seines sterblichen Lebens. Er tauchte tief in sich hinein und gab mir die entsprechenden Antworten, die mir bestätigten, was ich von ihm wußte. Diese Dinge müssen ein Geheimnis bleiben, aber ich erfuhr, daß er ein Weiser war, einst Meister der Meditation, der Vollkommenheit erlangt hatte, und daß er an dem Tage, an dem er seine wahre Natur erführe, seinen Körper mit Hilfe des Yoga durch einen Willensakt aufgeben würde.«

Narendra Nath gewann nun die Überzeugung, daß eine außergewöhnliche Kraft durch Ramakrishna wirkte. Eine tiefe Ehrfurcht erfaßte ihn, und wenn er zuvor nicht geglaubt hatte, daß ein Guru notwenig sei, um Gottes-Erfahrung zu erlangen, so erkannte er jetzt, daß solch persönlicher Einfluß von unschätzbarem Wert sein konnte, um den Schüler näher zu Gott zu bringen. Dennoch wollte er nichts von Ramakrishna annehmen, ohne es durch eigene Erfahrung oder mit Hilfe der Vernunft geprüft zu haben.

Einmal fragte er Ramakrishna: »Wie soll ich den Worten der Heiligen Schriften glauben? Das Mahanirvana Tantra sagt an einer Stelle, daß ein Mensch, der die Erkenntnis des Brahman nicht erlangt, in die Hölle kommt; und dasselbe Buch sagt an einer anderen Stelle, daß es keine Rettung gibt außer durch Verehrung Paravatis, der Göttlichen Mutter. Manu schreibt über sich selbst in der Manu-Samhita, Moses beschreibt seinen eigenen Tod im Pentateuch.

Die Sankhya-Philosophie erklärt, daß Gott nicht existiert, da es keinen Beweis für Seine Existenz gäbe.

Dieselbe Philosophie sagt wiederum, daß die Veden unvergängliche Wahrheit enthüllen.

Damit will ich nicht sagen, daß sie unwahr sind; ich verstehe sie einfach nicht. Die Gelehrten haben diese Schriften ihrer eigenen Vorstellung gemäß ausgelegt. An welche Auslegungen sollen wir uns halten? Weißes Licht, das durch ein rotes Medium kommt, erscheint rot, durch ein grünes Medium grün.«

Sri Ramakrishna, erstaunt über die Worte Narendras, antwortete ihm: »Es gibt zweierlei Auslegungen der Schriften, die wörtliche und die wahre. Man muß sich allein an den wahren Sinn halten, nur an das, was mit den Worten Gottes übereinstimmt. Es ist ein unendlich großer Unterschied zwischen den geschriebenen Worten eines Briefes und den unmittelbaren Worten des Schreibers. Die Schriften entsprechen den Worten des Briefes. Die Worte Gottes sind unmittelbare Worte. Was nicht mit den unmittelbaren Worten der Göttlichen Mutter übereinstimmt, erkenne ich nicht an.«

Sri Ramakrishna belehrte Narendra mit unendlicher Liebe und Geduld. Denn er wußte, daß seine ungeheure Energie in einen geistigen Kanal geleitet werden mußte, um nicht mißbraucht zu werden. Nichts Weltliches war in der Liebe, die ihn mit seinem Schüler verband, aber wenn dieser einige Tage nicht nach Dakshineswar kam, war er verzweifelt. Er konnte dann wie ein Kind weinen und ließ sich nicht trösten. Einmal sagte er zu seinen Schülern: »Ich habe so viel geweint und doch kommt er nicht. Ich fühle einen tatsächlichen

Schmerz, mein Herz ist wie ausgewrungen. Aber er weiß nichts davon.«

Ramakrishna weihte Narendra Nath in die Geheimnisse des Advaita Vedanta ein. Oft aber wehrte sich dieser gegen die Lehre der Nicht-Zweiheit und meinte, es gäbe keine größere Sünde, als sich mit Brahman eins zu fühlen. »Ich bin Gott, Du bist Gott, diese erschaffenen Dinge sind Gott – was kann es Ungereimteres geben als dies?« pflegte er dann einzuwenden.

»Was ist der Unterschied zwischen dem Gedanken der All-Einheit und dem Atheismus? Soll die erschaffene Seele sich selbst für den Schöpfer halten? Gibt es etwas Sündhafteres als das? Welche Idee kann sinnloser sein als: Ich bin Gott, Du bist Gott, alles was geboren ist und stirbt ist Gott. Die Rishis und Munis, die Verfasser solcher Bücher, müssen geistig gestört gewesen sein. Wie hätten sie sonst solches Zeug schreiben können?« Sri Ramakrishna lächelte bei diesen unverblümten Worten Narendras. Aber anstatt sofort seine geistige Haltung anzugreifen, sagte er nur: »Du magst diese Gedanken jetzt nicht gelten lassen, aber warum verurteilst Du deshalb die Munis und Rishis? Und warum setzt Du der Natur Gottes Grenzen? Fahre fort, Ihn, der die Wahrheit selbst ist, anzurufen, aber erblicke dann auch in allem, worin Er sich Dir offenbart, Seine wahre Natur.«

Narendra schenkte diesen Worten kein Gehör, denn alles, was nicht auf Vernunft fußte, erschien ihm damals als unwahr, und gegen jegliche Unwahrheit stemmte er sich von Natur aus.

Kurz darauf erwähnte Sri Ramakrishna verschiedenes, was die Einheit von Seele und Brahman erkennen ließ. Narendra hörte zwar aufmerksam, doch ohne Verständnis zu. Hinterher ging er zu Hazra, der auch im Tempelgarten wohnte und mit dem er oft diskutierte und sagte: »Ist es jemals möglich, daß der Wasserkrug, die Tasse, was immer wir sehen, Gott ist, und daß auch wir selbst Gott sind?«, und beide brachen in Lachen aus. Als Ramakrishna Narendra lachen hörte, trat er, nur teilweise im Besitz äußeren Bewußtseins, wie ein Knabe mit seinem Kleidungsstück unter dem Arm, aus seinem Zimmer und fragte liebevoll lächelnd: »Worüber redet ihr beiden denn?« Dann berührte er Narendra und versank in Samadhi.

Narendra schildert die Folgen dieser Berührung: »Sie bewirkte in einem Augenblick eine Veränderung meines ganzen Denkens und Fühlens. Ich fand voller Bestürzung, daß es in Wirklichkeit nichts anderes im Weltall gab, als Gott allein. Ich sah dies in voller Klarheit, schwieg aber, um festzustellen, ob es anhielte. Den ganzen Tag über wich diese Erfahrung nicht von mir. Ich ging nach Hause, daber auch dort erschien alles, was ich sah, als Brahman. Ich aß, fand aber, daß alles: Essen, Schüsseln, der Mensch, der mich bediente und ich selbst nichts anderes waren als »Das«. Ob ich aß oder lag, ob ich auf der Straße oder im College war, immer hatte ich die gleiche Erfahrung.

Als sich dieser Zustand ein wenig änderte, erschien mir die Welt wie ein Traum. Ich schlug mit meinem Kopf gegen Eisenstangen, nur um zu sehen, ob sie Wirklichkeit waren oder ein Traum. Einige Tage hielt dieser Zustand an, dann erkannte ich, daß die Worte der Schrift über Advaita Wahrheit waren. Ich konnte von nun an nicht mehr an dieser Lehre zweifeln.«

Sri Ramakrishna liebte Narendra aus tiefem Herzen, aber er wollte ihn prüfen, wie jeden seiner Schüler. Eines Tages begann er, ihn, den er bis dahin mit äußerster Freude und Begeisterung schon von fern willkommen geheißen hatte, nicht mehr zu begrüßen und nicht mehr nach seinem Wohlergehen zu fragen. Er behandelte ihn wie einen Fremden, blieb schweigend in seine Gedanken vertieft oder wendete sich sogar ab, wenn Narendra das Zimmer betrat. Trotzdem empfand dieser keinen Groll und besuchte Ramakrishna wie gewohnt, wenn dieser ihn auch weiter mit Gleichgültigkeit behandelte.

Später rief ihn Ramakrishna zu sich und fragte ihn: »Warum kommst Du immer noch zu mir, trotzdem ich kein Wort an Dich richte?« Narendra antwortete: »Herr, mich treiben nicht nur Deine Worte zu Dir, ich liebe Dich und will Dich sehen. Darum komme ich.«

Sri Ramakrishna war hoch erfreut über diese Antwort und erwiderte: »Ich wollte nur prüfen, ob Du fortbleiben würdest, wenn ich Dir keine Liebe und Aufmerksamkeit zeige. Nur jemand Deiner Art erträgt soviel Zurückstellung und Gleichgültigkeit. Jeder andere

hätte mich längst verlassen und wäre nie mehr zurück-
gekommen.«

Bei einer anderen Gelegenheit rief Ramakrishna
Narendra Nath zu sich und sprach zu ihm: »Du weißt,
daß ich durch strenge geistige Übung übernatürliche
Kräfte empfangen habe. Aber welchen Gebrauch kann
ich von ihnen machen? Darum will ich sie Dir geben,
damit Du sie, wenn nötig, anwenden kannst. Was
meinst Du hierzu?«

Narendra Nath wußte, daß Sri Ramakrishna besondere
Kräfte besaß. Nach einigem Nachdenken aber fragte er:
»Herr, helfen mir diese Kräfte zur Gottes-Erfahrung?«
Da antwortete der Meister: »Nein, solches können sie
nicht. Aber sie können Dir sehr nützlich sein, wenn Du
nach der Erfahrung Gottes für ihn wirken willst.«
Narendra Nath aber meinte: »Dann will ich sie nicht.
Erst will ich Gott erfahren und dann werde ich mich
entschließen, ob ich sie haben will oder nicht. Wenn ich
diese wunderbaren Kräfte jetzt annehme und sie zu
einem selbstsüchtigen Zweck verwende, dabei aber
mein Ideal vergesse, dann bin ich verloren.«

Der Meister war hocherfreut über diese Antwort und
über die Weigerung, die Übergabe der übernatürlichen
Kräfte anzunehmen.

Zu manchen Zeiten befürchtete Narendra die psychi-
schen Folgen zu intensiver Meditation und zu großer
Ekstase in der Liebe zu Gott. Sri Ramakrishna aber
beruhigte ihn mit den Worten: »Gott ist wie ein Honig-
meer. Möchtest Du nicht hineintauchen? Angenom-

men, dort stünde ein Glas mit Honig und Du wärest eine Fliege, begierig, den süßen Saft zu nippen, wie würdest Du ihn trinken?« Narendra erwiderte: »Ich würde auf dem Rande sitzen und von da aus trinken, denn sonst könnte ich hineinfallen und würde mein Leben verlieren.« Daraufhin erwiderte Sri Ramakrishna: »Du vergißt, daß dies das Meer von Satchidananda, von absolutem Sein, absoluter Erkenntnis, absoluter Seligkeit ist. Hier braucht man keine Angst vor dem Tod zu haben. Dies ist das Meer der Unsterblichkeit. Nur Toren sagen, daß man Liebe und Hingabe für Gott nicht übertreiben soll. Kann irgend jemand seine Liebe zu Gott je übertreiben? Darum sage ich Dir, tauche tief in das Meer Gottes.« Und Narendra befolgte diesen Rat.

Manche Nächte wanderte Narendra ruhelos auf und ab, »Rama, Rama« rufend; manchmal wieder saß er in Meditation versunken vor einem Feuer im Freien und fühlte das Erwachen der Kundalini und mystischer Kräfte. Er lechzte nach der Vision des Absoluten und quälte Sri Ramakrishna, sie ihm zu gewähren.

Narendra: »Ich möchte fünf oder sechs Tage ununterbrochen in Samadhi versunken bleiben, wie einst Sukadeva, und nur daraus emportauchen, um zu essen und den Körper zu erhalten – dann wieder verloren sein für die Welt.«

Sri Ramakrishna: »Weh über Dich! Ein so hochbegabter Schüler sollte nicht dergleichen reden. Ich hielt Dich für einen mächtigen Banyan-Baum, unter dem Tausende Zuflucht finden würden, und da stehst Du und verlangst nach eigener Befreiung.«

Narendra zuckte innerlich zusammen bei diesem Vorwurf. Aber sein Wunsch wurde sehr bald erfüllt. Eines Abends, während er und Gopal allein in einem Raum meditierten, fühlte er mit einem Mal ein Licht an seinem Hinterkopf. Es wurde immer strahlender, größer und größer, schien schließlich zu bersten, und sein Geist verschmolz damit. Was nun sein Bewußtsein durchdrang, überstieg alle Worte. Plötzlich hörte Gopal, wie Narendra rief: »Bruder Gopal, Bruder Gopal, wo ist mein Körper?« Er war einen Augenblick lang zu sich gekommen und sich nur seines Kopfes bewußt; seinen Körper schien er nicht mehr wahrzunehmen. »Aber Naren, er ist doch da, er ist da«, antwortete Gopal, äußerst erschrocken, als er Narendras starren Körper sah. Dann lief er voller Angst zu Ramakrishna hinauf und fand diesen in völliger Ruhe mit einem Ausdruck tiefen Ernstes, als ob er genau wüßte, was unten vor sich ging. Auf Gopals Bitte um Hilfe für Narendra antwortete er nur: »Laß ihn ruhig eine Weile in diesem Zustand verharren. Er hat mich lange genug darum gequält.«

Nach Stunden begann er allmählich das Bewußtsein der Außenwelt wieder zu erlangen. Er fühlte sich in unbeschreiblichen Frieden getaucht und sein Herz von Ekstase zum Überfließen erfüllt. Als er zu Sri Ramakrishna kam, sagte dieser, während er ihm tief in die Augen sah: »So, nun hat Dir die Mutter alles gezeigt, aber diese Selbstverwirklichung wird wie ein Schatz eingeschlossen. Du hast Arbeit zu leisten. Erst, wenn Du diese Arbeit beendet hast, wird die Schatzkammer wieder für dich geöffnet.«

Später sagte Sri Ramakrishna zu den anderen Schülern: »Naren wird diese Welt nur nach eigenem Willen verlassen. Sobald er erkennt, wer er ist, wird er keinen Augenblick länger in diesem Körper bleiben. Es wird die Zeit kommen, daß er durch seine intellektuelle und geistige Kraft die Welt bis in ihre Fundamente erschüttern wird. Ich habe zur Göttlichen Mutter gebetet, sie möge diese Erfahrung des Absoluten vor Naren verschleiert halten. Aber dieser Schleier ist so hauchdünn, daß er jeden Augenblick zerreißen kann.«

Narendra Nath verbrachte glückliche Tage zu Füßen des Meisters, der durch schweigenden Einfluß immer stärker sein Herz gewann. Doch plötzlich starb – es war 1884 – sein Vater, und es stellte sich heraus, daß er mehr ausgegeben als verdient hatte, so daß die Familie vor äußerster Armut stand. Die Last des Unterhaltes der ganzen Familie – es waren sechs oder sieben Menschen – fiel nun auf Narendra. Er wurde gezwungen, einen Beruf zu suchen, da die Gläubiger ihn bedrängten und niemand ihm zu helfen gewillt war.

Von Geschäft zu Geschäft lief er, von Büro zu Büro, immer umsonst. So erfuhr er bei dieser ersten Begegnung mit der Wirklichkeit des Lebens, daß selbstlose Hilfe eine Seltenheit in der Welt ist und es in ihr keinen Platz für die Schwachen und Armen gibt.

Trotz solcher Sorgen verlor er nicht den Glauben an die Barmherzigkeit Gottes, aber er begann zu fragen, warum er keine Antwort auf seine flehentlichen Bitten erhielt, und es so viel Elend in seinem gesegneten Königreich gäbe, warum so viele Millionen von Menschen Hungers sterben müßten, wenn Gott Güte und Barmherzigkeit sei.

Trotz Zweifel und Anklagen gegen Gott aber blieb die Erinnerung an die göttlichen Visionen lebendig, und er gedachte der Worte Ramakrishnas, daß alles Leben sinnlos sei, wenn es keinen Gott gäbe.

Als er eines Abends erschöpft von wieder vergeblicher Suche nach Arbeit und völlig durchnäßt auf dem Heimweg war, sank er an einer Hausmauer zu Boden und schien einige Zeit bewußtlos zu sein. Da war ihm, als würden die Hüllen seiner Seele eine nach der anderen – von einer göttlichen Macht fortgenommen.

»Alle früheren Zweifel über die Frage, wie in der Schöpfung einer segensreichen Vorsehung göttliche Gerechtigkeit und Erbarmen neben Leid und Elend bestehen könnten, wurden wie von selbst gelöst. Eine tiefe Innenschau eröffnete mir die Bedeutung von allem und befriedigte mich. Von nun an wurde ich taub für Lob und Tadel weltlicher Menschen. Ich bekam die Überzeugung, daß ich nicht dazu geboren war, Geld zu verdienen, meine Familie zu erhalten und nach den Vergnügungen der Sinne zu verlangen. Ich wollte der Welt entsagen und ging zu meinem Meister.«

Ramakrishna überredete ihn, die Nacht mit ihm

zusammen in Dakshineswar zu verbringen. Trotz Gegenreden begleitete ihn Narendra dorthin, und sie setzten sich zusammen in den Raum des Meisters, als dieser in Trance fiel. Er rückte ganz nah zu Narendra hin und berührte ihn voller Zärtlichkeit. Dann begann er mit Tränen in den Augen ein Lied zu singen.

»Ich hatte meine Gefühle solange zurückgehalten, daß sie nun in Tränen überflossen«, berichtete Narendra Nath von diesem Abend. »Die Bedeutung dieses Liedes war so offensichtlich. Er kannte meine Absicht.«

Als der Meister seinen natürlichen Zustand zurückgewann, fragten ihn einige Schüler nach der Ursache der Tränen. Mit einem Lächeln antwortete er: »Es war etwas zwischen ihm und mir.« Dann entließ er die anderen und rief Narendra zu sich: »Ich weiß, daß Du für das Werk der Mutter zu mir gekommen bist und daß Du nicht in der Welt bleiben kannst. Um meinetwillen aber bleibe, solange wie ich noch lebe.«

Weiter berichtet Narendra:

»Am nächsten Tag kehrte ich mit Ramakrishnas Erlaubnis nach Hause zurück. Tausend Gedanken über die Erhaltung meiner Familie überfielen mich. Ich suchte wieder nach einem Broterwerb. Durch Arbeit in einem Anwaltsbüro und durch Übersetzung einiger Bücher verdiente ich gerade soviel, daß ich von der Hand in den Mund leben konnte. Aber ich hatte kein festes Einkommen, um meine Mutter und Brüder zu ernähren.«

Eines Tages kam Narendra Nath auf den Gedanken,

Ramakrishna möge zu Gott beten, daß er sich seiner verhungernden Familie annähme. Dieser aber antwortete ihm: »Mein Kind, ich kann solches nicht erbitten. Aber warum fragst Du die Mutter nicht selbst? Alle Deine Leiden kommen daher, daß Du sie mißachtest.« Da antwortete Narendra Nath: »Ich kenne die Mutter nicht. Sprich Du zu ihr. Du mußt es tun.« Voller Zärtlichkeit erwiderte der Meister: »Ich habe dies immer und immer wieder getan. Aber Du nimmst sie nicht an, und darum hört sie nicht auf meine Gebete. Geh Du heute Nacht zum Tempel der Kali, wirf Dich zu Füßen der Mutter und bitte sie um welche Gnade Du willst. Sie wird Dir gewährt. Sie ist die absolute Weisheit, die unerschöpfliche Macht Brahmans, und durch ihren Willen ist diese Welt entstanden. Sie vermag alles zu gewähren.«

Bis zu diesem Augenblick hatte Narendra Nath die Bedeutung der Mutterschaft Gottes nicht erkannt. Er hatte die Verehrung durch Bilder und Symbole verachtet. Nun aber sollte er auch solches verstehen und die Mutter annehmen. Von dieser Nacht im Tempel der Kali berichtet Narendra Nath:

»Es war gegen neun Uhr abends, als mir der Meister befahl, zum Tempel zu gehen. Auf meinem Weg war ich von einem göttlichen Rausch erfüllt. Meine Füße waren unsicher, mein Herz schlug in Erwartung der Freude, die liebende Gottheit zu schauen und Ihren Worten zu lauschen. Als ich den Tempel erreichte und meine Augen auf das Bild warf, wurde ich tatsächlich gewahr, daß die Mutter, die ewige Quelle der göttlichen Liebe und Schönheit, lebte und anwesend war. Eine Welle von Liebe und Hingabe überwältigte mich. In seliger Begeisterung warf ich mich immer von neuem vor der Mutter nieder und betete: ›Mutter, gib mir die Gabe der Unterscheidung, gib mir Entsagung. Gib mir Erkenntnis und Hingabe. Gewähre mir deine ununterbrochene Schau.‹

Heiterer Friede legte sich auf meine Seele. Ich vergaß die Welt. Nur die göttliche Mutter strahlte in meinem Herzen.

Bei meiner Rückkehr fragte Ramakrishna, ob ich die Mutter um Aufhebung meiner irdischen Sorgen gebeten habe. Diese Frage erschreckte mich und ich antwortete: ›Nein Herr, ich vergaß alles um mich. Aber ist dennoch Hilfe möglich?‹

›Gehe noch einmal hin und sprich ihr von Deinen Sorgen.‹

Wieder ging ich zum Tempel. Doch beim Anblick der Mutter vergaß ich erneut meinen Auftrag. Ich verbeugte mich zu vielen Malen vor Ihr und bat um nichts anderes als um Liebe und Hingabe.

Zum zweiten Male fragte mich der Meister, ob ich sie diesmal um Hilfe angefleht habe, und wieder erzählte ich ihm, was geschehen war. ›Wie gedankenlos‹, meinte er, ›konntest Du Dich nicht soweit in Zaum halten, um diese wenigen Worte auszusprechen? Nun versuche es noch ein drittes Mal und bitte sie. Beeile Dich!‹

Zum dritten Mal ging ich zum Tempel. Aber als ich ihn betrat, befiel mich eine schreckliche Scham. Welch Kinderei, dachte ich, um die ich die Mutter anflehen will. Es ist, als wolle ich einen gnädigen König um einige Blatt Gemüse bitten. Voller Scham und Reue warf ich mich ihr zu Füßen und betete: ›Mutter, ich will nichts von Dir als Wissen und Hingabe.‹

Als ich aus dem Tempel trat, wußte ich, daß Sri Rama-krishnas Wille dies alles verursacht hatte. Wie hätte ich sonst dreimal mein Anliegen vergessen können. So sagte ich zu ihm: ›Herr, Ihr habt mich verzaubert und mich vergeßlich gemacht. Nun gewährt mir die Gnade, daß meine Leute nicht mehr unter dem Stachel der Armut leiden müssen.‹

Er aber gab mir zur Antwort, daß ein solches Gebet niemals über seine Lippen kommen würde. ›Ich forderte Dich auf, für Dich selbst zu beten. Aber Du konntest es nicht. Es scheint, daß Du weltliche Freuden nicht genießen sollst. Dann kann ich Dir nicht helfen.‹

Ich aber ließ nicht ab und bestand darauf, daß er mir meine Bitte gewähre. Endlich sagte er: ›Nun gut, sie werden niemals in Not um Essen und Kleidung sein.‹«

Nach dieser Zusicherung blieb Narendra Nath für immer bei Ramakrishna. Er empfing die Einweihung und erhielt den Namen Vivekananda, die Seligkeit der Unterscheidung.

WORTE
VIVEKANANDAS

Praktischer Vedanta,
I. Teil

Ich bin gebeten worden, einiges über die praktische Stellungnahme der Vedantaphilosophie zu sagen. Wie ich Ihnen mitgeteilt habe, ist Theorie tatsächlich recht gut, aber wie sollen wir sie in die Praxis überführen? Keine Theorie hat irgendwelchen Wert, wenn sie gänzlich unanwendbar ist, ausgenommen als geistige Übung. Mithin muß der Vedanta als Religion ausgesprochen praktisch sein. Wir müssen imstande sein, ihn in jedem Abschnitte unseres Lebens auszuwirken. Und nicht nur das, – die erdichtete Unterscheidung zwischen der Religion und dem Leben der Welt muß verschwinden, denn die Vedanta lehrt die Einheit, ein einziges Leben überall. Die Ideale der Religion müssen das ganze Gebiet des Lebens erfüllen, sie müssen in all unsere Gedanken eingehen und immer mehr in die Praxis. Ich will im allmählichen Fortgang unserer Erörterung stufenweise auf die praktische Seite eingehen. Doch ist diese Vorlesungsreihe nur als Grundlegung gedacht, und daher müssen wir uns zuvörderst mit den Theorien vertraut machen und begreifen, wie sie ausgearbeitet wurden, indem sie aus Waldeshöhlen in lebhafte Straßen und Städte eindrangen; ferner finden wir den besonderen Grundzug, daß manche dieser Gedanken nicht das Ergebnis der Zurückgezogenheit in Wäldern gewesen sind, sondern von Personen herrühren, von denen wir erwarten, daß sie das tatenreichste Leben führen, – nämlich von herrschenden Monarchen.

Shvetaketu war der Sohn Arunis, eines Weisen, höchst wahrscheinlich eines Einsiedlers. Er ward im Walde auferzogen, aber er kam in die Stadt Panchalas und erschien am Hofe des Königs Pravahana Jaivali. Der König fragt ihn: »Weißt Du, wie die Wesen von hier zum Tode gelangen?« »Nein, Herr!« »Weißt Du, wie sie hierin zurückkehren?« »Nein, Herr!« »Kennst Du den Weg der Väter und den Weg der Götter?« »Nein, Herr!« Dann stellte der König andere Fragen. Shvetaketu konnte sie nicht beantworten. Daher sagte der König ihm, daß er nichts wüßte. Der Knabe kam zu seinem Vater zurück und der Vater gestand, daß er selber diese Fragen nicht beantworten könne. Der Grund war nicht, daß er keine Neigung hatte den Knaben zu belehren, aber er kannte diese Dinge nicht. So kehrte Shvetaketu mit seinem Vater zu dem Könige zurück und beide baten, in diesen Geheimnissen unterrichtet zu werden. Der König sagte, daß diese Dinge bislang nur unter Königen bekannt gewesen seien; die Priester kannten sie nicht. Gleichwohl ließ er sich herbei ihnen zu lehren, was sie zu wissen wünschten. In verschiedenen Upanishads finden wir, daß diese Vedantaphilosophie nicht nur das Ergebnis des Nachsinnens in den Wäldern ist, sondern daß die besten Abschnitte derselben durch Köpfe ausgedacht und ausgedrückt wurden, die in den alltäglichen Lebensangelegenheiten am besten bewandert waren. Wir können uns keinen tätigeren Mann vorstellen als einen absoluten Monarchen, einen Mann, der über Millionen Menschen herrscht, und doch waren einzelne dieser Herrscher tiefe Denker.

Alle diese Dinge beweisen, daß diese Philosophie sehr praktisch sein muß, und später, wenn wir zum Bhagavad-Gita kommen – vielleicht haben die meisten unter Ihnen ihn gelesen, er ist der beste Kommentar zur Vedantaphilosophie, den wir besitzen – ist der Schauplatz sonderbar genug auf ein Schlachtfeld verlegt, wo Krishna diese Philosophie dem Arjuna lehrt, und die Lehre, die auf jeder Seite des Gita einleuchtend entwickelt wird, ist intensive Tätigkeit, doch mitten darin ewige Ruhe. Dies ist das Geheimnis des Wirkens, zu dem zu gelangen das Ziel des Vedanta ist. Untätigkeit, wie wir sie verstehen, im Sinne von Passivität, kann sicherlich nicht das Ziel sein. Wenn es so wäre, wären die Wände um uns herum am intelligentesten; sie sind inaktiv. Erdschollen, Baumstümpfe würden die größten Weisen auf der Welt sein; sie sind bewegungslos. Auch wird Inaktivität zur Aktivität, wenn sie mit Leidenschaft verbunden ist. Wirkliche Aktivität, die das Ziel des Vedanta ist, ist mit ewiger Ruhe verbunden, einer Ruhe, die nicht aus der Fassung gebracht werden, einem geistigen Gleichgewicht, das nie zerstört werden kann, was sich auch ereignen mag. Und wir alle wissen durch unsere Lebenserfahrung, daß dies die beste Haltung bei der Arbeit ist.

Ich bin oftmals gefragt worden, wie wir tätig sein können, wenn wir die Leidenschaft nicht haben, die wir gewöhnlich für die Arbeit empfinden. Vor Jahren dachte ich ebenso, aber als ich älter wurde, eine reichere Erfahrung erwarb, fand ich es nicht richtig. Je geringer die Leidenschaft ist, um so besser arbeiten wir. Je ruhiger wir sind, desto besser ist es für uns und eine desto größere Menge Arbeit können wir verrichten. Wenn wir unseren Gefühlen freien Lauf lassen, verschwenden wir soviel Energie, zerrütten unsere Nerven, zerstören unseren Geist, und vollbringen eine sehr geringe Leistung. Die Energie, die als Arbeit erscheinen sollte, wird als bloßes Gefühl verausgabt, das für nichts zählt. Nur, wenn der Geist ganz ruhig und gesammelt ist, wird die gesamte Energie dazu verwendet, gute Werke zu tun. Und wenn Sie die Lebensbeschreibungen der großen Werktätigen lesen, welche die Welt hervorgebracht hat, so werden Sie finden, daß sie erstaunlich stille Menschen waren. Nichts gleichsam konnte sie aus ihrem Gleichgewicht bringen. Das ist die Ursache dafür, daß der Mensch, der sich erzürnt, niemals eine große Arbeitsleistung vollbringt, und der Mensch, den nichts erzürnen kann, so vieles leistet. Der Mensch, der sich dem Zorn oder Hasse überläßt, oder einer anderen Leidenschaft, kann nicht arbeiten, er bricht sich nur selbst in Stücke und leistet nichts Praktisches. Es ist der beruhigte, nachsichtige, gleichmütige, ausgeglichene Geist, der die größte Arbeitsmenge schafft.

Der Vedanta predigt das Ideal, und das Ideal, wie wir wissen, ist der Wirklichkeit, der Praxis, oder wie wir es nennen wollen, immer weit voraus. Es gibt zwei Tendenzen in der menschlichen Natur; die eine ist, das Ideal mit dem Leben in Einklang zu setzen, die andere, das Leben zum Ideal hin zu steigern. Es ist ein wichtiger Punkt, dies zu verstehen, denn die erste Tendenz ist die Versuchung unseres Lebens. Ich glaube, daß ich nur eine bestimmte Art von Arbeit verrichten kann. Das Meiste darunter ist vielleicht schlecht; das Meiste hat vielleicht als Triebkraft im Hintergrunde; Zorn, Süchtelei oder Eigennutz. Wenn sich mir nun ein Mensch naht und mir ein bestimmtes Ideal predigt, und der erste Schritt zu diesem Ideale hin schließt die Aufgabe der Selbstsucht, des Selbstvergnügens ein, so denke ich, daß dies unpraktisch sei. Wenn aber ein Mensch ein Ideal aufstellt, das mit meiner Selbstsucht in Einklang gebracht werden kann, dann bin ich plötzlich froh und stürze mich darauf. Das ist das Ideal für mich. Wie das Wort »orthodox« in verschiedenen Formen gebraucht worden ist, so auch das Wort »praktisch«. »Mein Glaube ist der rechte Glaube. Ihr Glaube ist Aberglaube.« So auch bei dem Praktischen. Was ich denke, ist praktisch, es ist für mich das einzige Praktische auf der Welt. Wenn ich ein Krämer bin, so denke ich, Kramgeschäfte treiben ist das einzige praktische

Verhalten auf der Welt. Wenn ich ein Dieb bin, so denke ich, Stehlen ist die beste Art der praktischen Betätigung; andere Sachen sind nicht praktisch. Sie sehen, wie wir alle das Wort praktisch für das verwenden, was *wir* gerne tun. Daher möchte ich Sie bitten, zu begreifen, daß der Vedanta, obgleich er ausgesprochen praktisch ist, es stets im Sinne des Ideals ist. Er predigt kein unmögliches Ideal, wie hoch es auch sein mag, und für ein Ideal ist es hoch genug. Mit einem Worte, dies Ideal ist, daß Sie göttlich sind. »Das bist du!« Das ist der Kern des Vedanta; nach all seinen Verzweigungen und Verstandesübungen erkennen Sie, daß die menschliche Seele rein und allwissend ist; Sie sehen, daß abergläubische Annahmen wie Geburt und Tod vollständiger Unsinn sind, wenn man sie in Verbindung mit der Seele ausspricht. Die Seele war nie geboren und wird nie sterben, und all die Vorstellungen, daß wir sterben werden und zu sterben fürchten, sind bloßer Aberglaube. Ebenso sind all die Vorstellungen wie: das können wir tun oder das können wir nicht tun, abergläubische Vorstellungen. Der Vedanta lehrt die Menschen zuvörderst Vertrauen zu sich selbst haben. Wie gewisse Religionen auf der Welt sagen, daß ein Mensch, der nicht an einen persönlichen Gott da draußen glaubt, ein Atheist ist, so sagt der Vedanta, daß der Mensch, der nicht an sich glaubt, ein Atheist ist. Nicht der Glaube an die Herrlichkeit unserer eigenen Seele ist das, was der Vedanta Atheismus nennt. Für manche ist dies ohne Zweifel eine furchtbare Vorstellung, und die meisten von uns glauben, daß dies Ideal nie erreicht werden kann, aber der Vedanta besteht darauf, daß dies von jedem einzelnen verwirklicht werden kann. Weder Mann noch Frau noch Kind, weder Rassen- noch Geschlechtsunterschied, noch sonst etwas steht der Verwirklichung dieses Ideals als Hemmnis entgegen, weil der Vedanta zeigt, daß er schon verwirklicht ist, daß er schon vorhanden ist.

Alle Kräfte im Universum sind schon die ihrigen. Wir sind es, die die Augen mit den Händen bedeckt halten und dann schreien, daß es dunkel ist. Wisse, daß es um uns keine Dunkelheit gibt. Hebe die Hände weg und das Licht, das von Anfang an da war, ist da. Finsternis war nie da, Schwäche war nie da. Die Toren schreien, daß wir schwach sind; die Toren schreien, daß wir unrein sind. So beharrt der Vedanta nicht nur darauf, daß das Ideal praktisch ist, sondern auch darauf, daß es allezeit so gewesen ist, denn dies Ideal, diese Realität ist unsere eigentliche Natur. Alles, was Sie sonst sehen, ist falsch, unwirklich. Sobald Sie sagen: »Ich bin ein geringes sterbliches Wesen«, sagen Sie etwas, was nicht wahr ist, Sie strafen sich selber Lügen, Sie suggerieren sich selbst zu etwas Niedrigem, Schwachem, Armseligen um.

Er erkennt keine Sünde an, er erkennt nur Irrtum an; der größte Irrtum, sagt der Vedanta, ist es, zu meinen, daß Sie schwach sind, daß Sie ein Sünder sind, eine elende Kreatur, daß Sie keine Kraft besitzen, dies und das nicht tun können. Jedesmal, wenn Sie so denken, befestigen Sie gleichsam ein Glied mehr in der Kette, die Sie fesselt, legen Sie eine Schicht Selbstsuggestion mehr auf Ihre eigene Seele. Darum ist jeder, der so denkt, schwach und schlecht, wer so denkt ist unrein, schlecht, und wirft einen schlechten Gedanken in die Welt. Das müssen wir stets im Geiste gegenwärtig erhalten, daß in der Vedanta kein Versuch gemacht wird, das gegenwärtige Leben, das gleichsam in hypnotischen Schlaf versetzte Leben, das falsche Leben, das wir gewählt haben, mit dem Ideal auszusöhnen, sondern dies falsche Leben muß schwinden, und das wirkliche Leben, das immer existierte, muß sich selbst offenbaren, muß herausleuchten. Nicht der Mensch wird reiner und reiner, es ist eine Frage der stärkeren Manifestierung. Der Schleier entfällt und die angeborene Reinheit der Seele beginnt sich selber zu verwirklichen. Alles gehört schon uns: unendliche Reinheit, Freiheit, Liebe und Kraft.

Ebenso sagt der Vedanta, daß dies nicht nur in den Tiefen der Wälder oder in Höhlen verwirklicht werden kann, sondern von Menschen in allen erdenklichen Lebenslagen. Wir haben gesehen, daß die Leute, die diese Wahrheiten entdeckten, weder in Höhlen noch in Wäldern lebten, noch gewöhnlichen Lebensberufen oblagen, sondern Männer waren, die – wir haben allen Grund es zu glauben – das arbeitsreichste Leben führten, Männer, die Heere befehligten, die auf Thronen saßen und die Wohlfahrt von Millionen zu überwachen hatten (und all das in den Zeiten der absoluten Monarchie und nicht in unseren Tagen, wo ein König zum großen Teil nur eine Dekorationsperson ist). Dennoch konnten sie die Zeit finden, all diese Gedanken auszudenken, sie zu verwirklichen und die Menschheit zu lehren. Um wieviel praktischer müssen sie also für uns sein, die wir im Vergleich mit ihnen ein Leben der Muße leben. Daß wir sie nicht verwirklichen können, ist eine Schande für uns, wo wir doch sehen, daß wir allezeit verhältnismäßig frei sind und sehr wenig zu tun haben. Die Ansprüche, die an mich gestellt werden, sind soviel als nichts im Vergleich mit denen, die an einen absoluten Monarchen der Alten gestellt wurden. Meine Wünsche sind soviel als nichts im Vergleich mit den Forderungen des Arjuna auf dem Schlachtfelde von Kurukshetra, während er eine riesige Armee befehligte; und doch vermochte er inmitten des Lärms und des Getümmels die Zeit zu finden, über die höchste Philosophie zu reden und sie auch in sein Leben überzuführen. Sicherlich sollten wir imstande sein, in diesem unserm Leben soviel als möglich zu tun, das vergleichsweise frei, leicht und bequem ist. Die meisten unter uns haben mehr Zeit, als wir zu haben glauben, wenn wir wirklich wünschen, sie zum Guten zu verwenden. Mit dem Ausmaße von Freiheit, das wir besitzen, können wir zweihundert Ideale in diesem Leben erreichen, wenn wir wollen, aber wir müssen das Ideal nicht zum Aktuellen, zur Zeit in Übung Befindlichen erniedrigen. Es ist eines der bestechendsten Dinge, daß Leute auftreten, die unsere Fehler beschönigen und uns lehren, wie man besondere Rechtfertigungsgründe für all die törichten Wünsche und törichten Begehren findet; und wir denken, daß ihr Ideal das einzige Ideal ist, das wir brauchen. Aber es verhält sich nicht so. Der Vedanta lehrt solche Dinge nicht. Das Gegenwärtige sollte mit dem Idealen ausgeglichen werden, das gegenwärtige Leben sollte so gestaltet werden, daß es mit dem ewigen Leben zusammenfällt.

Sie müssen sich ja stets in der Erinnerung halten, daß das eine zentrale Ideal des Vedanta diese Einheit ist. Es gibt nicht zwei in Einem, keine zwei Leben, nicht einmal zwei verschiedene Arten des Lebens für die beiden Welten. Sie werden finden, daß die Vedas zunächst von Himmeln und dergleichen Dingen reden, aber später, wenn sie zu höheren Idealen ihrer Philosophie kommen, streifen sie alle diese Dinge ab. Es gibt bloß ein Leben, eine Welt, eine Existenz. Jedes Ding ist dies Eine, der Unterschied besteht im Grade und nicht in der Art. Der Unterschied zwischen unserm Leben besteht nicht in der Art. Der Vedanta lehnt solche Vorstellungen wie die, daß die Tiere von den Menschen geschieden, und daß sie von Gott gemacht und geschaffen sind, um uns als Nahrung zu dienen, völlig ab.

Ein paar Leute haben das menschliche Empfinden gehabt, eine Gesellschaft gegen Vivisektion ins Leben zu rufen. Ich fragte ein Mitglied: »Warum sind Sie der Meinung, lieber Freund, daß es wohl erlaubt ist, Tiere zu Nahrungszwecken zu töten, aber nicht erlaubt, eines oder zwei zu wissenschaftlichen Versuchen zu töten?« Er erwiderte: »Vivisektion ist ganz furchtbar, aber die Tiere sind uns zu unserer Speise gegeben worden.« Die Einheit schließt alle Tiere ein. Wenn des Menschen Leben unsterblich ist, so ist es auch das des Tieres. Der Unterschied besteht nur im Grade und nicht in der Art. Die Amöbe und ich sind das gleiche, der Unterschied liegt nur im Grad, und vom Standpunkte des höchsten Lebens aus verschwinden alle diese Unterschiede. Ein Mensch mag einen großen Unterschied zwischen Gras und einem kleinen Baume finden, aber wenn Sie sehr hoch steigen, wird das Gras und der stärkste Baum ganz gleich aussehen. So sind vom Standpunkte des höchsten Ideals aus gesehen das niedrigste Tier und der größte Mensch das gleiche. Wenn Sie glauben, daß es einen Gott gibt, müssen die Tiere und die höchsten Kreaturen dasselbe sein. Ein Gott, der seine Kinder, die Menschen heißen, vorzieht und grausam zu den Kindern ist, die unvernünftige Tiere heißen, ist schlimmer als ein Dämon. Ich möchte lieber hundertmal sterben, als einen solchen Gott verehren. Mein ganzes Leben würde ein Kampf mit einem solchen Gotte sein. Aber es gibt keinerlei Unterschied, und diejenigen, die es behaupten, sind unverantwortliche, herzlose Leute, die nicht denken. Hier ist ein Fall, wo das Praktische im falschen Sinne gebraucht wird. Ich selber kann kein strenger Vegetarier sein, aber ich verstehe das Ideal. Wenn ich Fleisch esse, weiß ich, daß es schlecht ist. Sogar wenn ich unter gewissen Umständen gezwungen bin, es zu essen, weiß ich, daß es grausam ist. Ich durfte mein Ideal nicht zum Gegenwärtigen herabziehen und auf diese Weise mein schwaches Verhalten rechtfertigen. Das Ideal ist, kein Fleisch zu essen, kein Wesen zu schädigen, denn alle Tiere sind meine Brüder. Wenn Sie an sie denken können als an Ihre Brüder, so haben Sie einen kleinen Fortschritt auf dem Wege zur brüderlichen Gemeinschaft aller Seelen gemacht, nicht zu reden von der Bruderschaft der Menschen! Das ist Kinderspiel! Im allgemeinen finden Sie, daß dies nicht vielen annehmbar erscheint, aber es lehrt sie, das Gegenwärtige aufzugeben und sich zu dem Ideal zu erheben. Aber wenn Sie eine Theorie aufstellen, die mit ihrem gegenwärtigen Verhalten vereinbar ist, so betrachten Sie sie als durchaus praktisch.

Es gibt ein streng konservatives Bestreben in der menschlichen Natur: wir tun nicht gerne einen Schritt vorwärts. Ich denke von den Menschen geradeso, wie ich von Leuten gelesen habe, die im Schnee erfroren sind; sie alle, sagt man, wünschen zu schlafen, und wenn Sie versuchen, sie aufzuheben, sagen sie: »Laß mich schlafen! Es ist so wundervoll im Schnee zu schlafen!« und in diesem Schlafe sterben sie. So ist unsere Natur. Das ist es, was wir unser ganzes Leben lang tun, daß wir von den Füßen aufwärts erfrieren und doch zu schlafen wünschen. Daher müssen Sie um das Ideal kämpfen, und wenn ein Mann kommt, der dies Ideal auf Ihr Niveau herabstimmen will und eine Religion lehrt, die nicht zu dem höchsten Ideale führt, so hören Sie nicht auf ihn. Für mich ist das eine unpraktische Religion. Wenn aber ein Mann eine Religion lehrt, die das höchste Ideal darstellt, so fühle ich mich ihm geneigt. Hüte Dich, wenn jemand versucht, Sinneseitelkeiten und sinnliche Schwächen zu rechtfertigen. Wenn jemand uns diesen Weg zu empfehlen wünscht, – uns, den armen, sinnenverstrickten Erdenklößen, zu denen wir uns selber gemacht haben, so werden wir nie fortschreiten, wenn wir dieser Lehre folgen. Ich habe manche derartige Dinge gesehen, ich habe einige Erfahrung von der Welt gesammelt, und mein Vaterland ist das Land, wo religiöse Sekten wie Erdschwämme wachsen. Jedes Jahr entstehen neue Sekten. Aber etwas habe ich beobachtet, daß nur die einen Fortschritt aufweisen, die nicht den fleischlichen Menschen mit dem Menschen der Wahrheit auszusöhnen streben. Wo die falsche Vorstellung der Aussöhnung sinnlicher Eitelkeiten mit den höchsten Idealen besteht, wo man Gott auf das Niveau des Menschen herunterzuziehen sucht, da droht der Verfall. Der Mensch soll nicht zu tatsächlichen Sklaven erniedrigt, sondern zu Gott erhoben werden.

Gleichzeitig hat die Frage noch eine zweite Seite. Wir dürfen auf andere nicht mit Verachtung herabsehen. Alle unter uns gehen dem gleichen Ziele entgegen. Der Unterschied zwischen Schwäche und Stärke ist ein Unterschied des Grades; der Unterschied zwischen

Himmel und Hölle ist ein Unterschied des Grades; der Unterschied zwischen Leben und Tod ist ein Unterschied des Grades; alle Unterschiede in dieser Welt sind Unterschiede des Grades und nicht der Art, weil Einheit das Geheimnis jedes Dinges ist. Alles ist eines, das sich selber manifestiert, sei es als Gedanke, als Leben, als Seele oder als Körper, und der Unterschied besteht nur im Grade. Da es sich so verhält, haben wir kein Recht auf jene mit Verachtung hinunterzublicken, die nicht genau in demselben Grade entwickelt sind als wir. Verachte niemand; wenn Du jemand eine hilfreiche Hand bieten kannst, so tue es. Wenn Du es nicht kannst, falte Deine Hände, segne Deine Brüder und laß sie ihren eigenen Weg gehen. Herunterziehen und verachten ist nicht der rechte Weg zum Werke. Nie ist auf diesem Wege eine Leistung vollbracht worden. Wir verzetteln unsere Energie mit der Verdammung anderer. Tadel und Verdammung ist ein nutzloser Weg, unsere Energien zu verausgaben, denn auf die Dauer lernen wir, daß alle dasselbe Ding sehen, sich mehr oder weniger demselben Ideale nähern, und daß die meisten Unterschiede zwischen uns nur Unterschiede des Ausdruckes sind.

Nehmen Sie die Vorstellung von der Sünde. Ich habe Ihnen soeben die Vorstellung der Vedanta darüber auseinandergesetzt, und die andere Vorstellung ist, daß der Mensch ein Sünder ist. Praktisch sind beide dasselbe, aber die eine nimmt die positive und die andere die negative Seite heraus. Die eine zeigt dem

Menschen seine Stärke und die andere seine Schwäche. Es mag Schwäche vorhanden sein, sagt der Vedanta, aber beachte sie nicht, wir wünschen zu wachsen. Krankheit wurde entdeckt, sobald der Mensch geboren war. Jedermann kennt dies Übel; man braucht
niemand, um uns zu berichten, worin diese Übel bestehen. Aber das fortwährende Denken daran, daß wir
uns übel befinden, wird uns nicht heilen; man braucht
Arzneimittel. Wir können jedes Ding in der Außenwelt
vergessen, wir können versuchen, der äußeren Welt
gegenüber Heuchler zu werden, im tiefsten Herzen
kennen wir alle unsere Schwäche. Aber, sagt der Vedanta, seiner Schwäche eingedenk zu sein, hilft nicht
viel; gib dir Kraft, und Kraft kommt nicht dadurch, daß
man andauernd an Schwäche denkt. Das Heilmittel
der Schwäche ist nicht das Brüten über die Schwäche,
sondern an Kraft denken. Belehre die Menschen über
die Kraft, die schon in ihnen liegt. Anstatt ihnen zu
erzählen, sie seien Sünder, nimmt der Vedanta die
entgegengesetzte Stellung ein und sagt: »Du bist rein
und vollkommen, und was du Sünde nennst, das gehört dir nicht an.« Sünden sind ganz niedrige Grade
der Selbstoffenbarung; offenbare dein Selbst auf einem
höheren Grade. Das ist das einzige Ding, das man behalten muß; das vermögen alle. Sage nie: »Nein«; sage
nie: »Ich kann nicht«, denn du bist unsterblich. Selbst
Zeit und Raum sind soviel wie nichts im Vergleich zu
unserer Natur. Sie können alles und jedes, Sie sind
bereits allmächtig.

Dies sind die Prinzipien der Ethik, aber wir werden nunmehr mehr hinuntersteigen und auf die Einzelheiten eintreten. Wir werden sehen, wie der Vedanta in unser alltägliches Leben eingeführt werden kann, in das Stadt- und Landleben, in das nationale Leben und das häusliche Leben jeden Volkes. Denn wenn eine Religion dem Menschen nicht helfen kann, wo er auch sein mag, wo er auch steht, so bringt sie keinen großen Nutzen; sie wird nur eine Theorie für wenige Auserlesene sein. Religion, die dem Menschen hilft, muß fähig und geeignet sein, ihm in jeder Lage, in der er sich befindet, zu helfen, sei es im Sklaventum oder im Zustande der Freiheit, in den Niederungen der Entartung oder auf den Höhen der Reinheit; überall, gleichviel wo, muß sie imstande sein, ihm zu Hilfe zu kommen. Die Prinzipien der Vedanta oder das Ideal der Religion, oder wie Sie es nennen mögen, erhält seinen Inhalt durch seine Fähigkeit, diese große Funktion zu erfüllen.

Das Ideal des Glaubens an uns selbst ist die größte Hilfe für uns. Wenn der Glaube an uns selber in ausgedehnterem Maße gelehrt und angewandt worden wäre, so bin ich sicher, daß ein großer Teil der Übel und Leiden, mit denen wir es zu tun haben, verschwunden sein würde. Wenn durch die gesamte Menschheitsgeschichte hindurch irgendeine Triebkraft im Leben aller großen Männer und Frauen mächtiger als eine andere gewesen ist, so ist es dieser Glaube an sich selbst. Mit dem Bewußtsein geboren, daß sie dereinst groß sein würden, wurden sie groß. Laß einen Menschen so tief sinken wie es möglich ist; es muß eine Zeit kommen, wo er aus seiner Verzweiflung heraus eine aufsteigende Kurve einschlägt und lernt, Vertrauen in sich selber zu setzen. Aber es ist besser für uns, daß wir dies von Anfang an wissen. Warum sollen wir alle die bitteren Erfahrungen machen, um den Glauben an uns selbst zu erlangen? Wir können sehen, daß der ganze Unterschied zwischen Mensch und Mensch dem Vorhanden- oder Nichtvorhandensein des Glaubens an sich selbst zuzuschreiben ist. Der Glaube an sich selbst wird alles fertigbringen. Ich habe es in meinem eigenen Leben erprobt, und ich tue es noch, und als ich älter wurde, ist dieser Glaube immer stärker geworden. Der ist ein Atheist, der nicht an sich selber glaubt. Die alten Religionen sagten, daß derjenige ein Atheist wäre, der nicht an Gott glaubte. Die neue Religion sagt, daß der ein Atheist ist, der nicht an sich selber glaubt. Aber es ist kein selbstsüchtiger Glaube, weil der Vedanta hinwieder die Lehre von der Einheit ist. Er bedeutet den Glauben an alles, weil Sie alles sind. Selbstliebe bedeutet Allliebe, denn Sie sind schon eines: Liebe zu den Tieren, Liebe zu jeglichem Ding. Das ist der große Glaube, der die Welt besser machen wird. Dessen bin ich gewiß. Der ist der größte Mensch, der in Wahrheit sagen kann: »Ich weiß alles, was mich angeht.« Wissen Sie, wieviel Energie, wie viele Kräfte, wie viele Fähigkeiten hinter diesem Rahmen Ihres Ich versteckt liegen? Welcher Gelehrte hat alles erkannt, was im Menschen liegt? Millionen Jahre sind vorübergegangen, seit der Mensch zuerst auftauchte, und doch ist erst ein unendlich kleiner Teil seiner Kräfte ans Licht getreten. Daher dürfen Sie nicht sagen, daß Sie schwach seien. Wie können Sie wissen, welche Möglichkeiten hinter dieser Entartung der Oberfläche liegen? Sie wissen nur wenig von dem, was in Ihnen ist. Denn hinter Ihnen liegt das Meer der unendlichen Kraft und Seligkeit.

»Auf diesen Atman muß man zuerst hören.« Hören Sie Tag und Nacht darauf, daß Sie diese Seele sind. Wiederholen Sie es für sich Tag und Nacht, bis es in Ihre Adern eindringt, bis es in jedem Blutstropfen klingt, bis es zu Ihrem Fleisch und Bein geworden ist. Lassen Sie den Körper von diesem einen Ideal erfüllt sein: »Ich bin die geburtslose, die todlose, die selige, allwissende, allgegenwärtige, ruhmvollendete Seele.« Denke daran Tag und Nacht; denke daran, bis es ein Teil und Stück Deines Lebens wird. Sinne darüber nach, und aus dem Nachsinnen wird die Tat entsprießen: »Wessen das Herz voll ist, des' geht der Mund über«, und aus der Fülle des Herzens arbeitet auch die Hand. Die Tätigkeit wird beginnen. Erfüllt Euch mit dem Ideal; was Ihr auch tut, denkt darüber gut nach. Alle Ihre Handlungen werden gesteigert, umgewandelt, vergöttlicht werden durch die Kraft des Denkens. Wenn Materie kraftbegabt ist, so ist Denken allmächtig. Laß diesen Gedanken über Deinem Leben schweben, erfülle Dich selbst mit dem Gedanken Deiner Allmacht, Deiner Majestät, Deines Ruhmes. Wollte

Gott, daß kein Aberglauben in Deinem Kopfe sich eingenistet hat. Gäbe Gott, wir wären nicht von Geburt an von all diesen abergläubischen Einflüssen und lähmenden Vorstellungen unserer Schwäche und Niedrigkeit umgeben gewesen. Wollte Gott, daß die Menschlichkeit einen leichteren Pfad gehabt hätte, auf dem sie die edelsten und höchsten Wahrheiten erreichen konnte. Aber der Mensch muß durch all dies hindurch; machen Sie den Pfad nicht noch schwieriger für diejenigen, die nach Ihnen kommen.

Dieses sind zuweilen schreckliche Lehren. Ich kenne Leute, die vor diesen Vorstellungen sich entsetzen, aber für diejenigen, die praktisch zu sein wünschen, ist es die erste Sache, die gelernt werden muß. Sage niemals zu Dir oder zu anderen, daß der Mensch schwach ist. Tue Gutes, wenn Du kannst, aber verletze die Welt nicht. Du weißt in Deinem innersten Herzen, daß manche Deiner beschränkten Vorstellungen, diese Demütigung Deines Selbst, dies Beten und Klagen zu eingebildeten Wesen, abergläubische Vorstellungen sind. Nenne mir einen Fall, wo diese Gebete erhört worden sind. Alle Erhörungen, die eintrafen, stammten aus Deinem eigenen Herzen. Du weißt, es gibt keine Geister, aber sobald Du Dich im Dunkeln befindest, fühlst Du ein Gruseln Dich überlaufen. Das ist so, weil wir in unserer Kindheit all diese ängstlichen Vorstellungen in unsere Köpfe gepflanzt hatten.

Aber lehre nicht andere diese Dinge aus Furcht vor der Gesellschaft und der öffentlichen Meinung, aus Furcht,

Dir den Haß von Freunden zuziehen, oder aus Furcht, liebgewordenen Aberglauben zu verlieren. Beherrsche alles dies. Was muß mehr in der Religion gelehrt werden, als die Einheit des Universums und der Glaube an sich selbst? Alle Werke der Menschheit seit Tausenden Jahren zurück haben dem einen Ziele zugestrebt, und die Menschheit ist noch dabei es auszugestalten. Jetzt sind Sie an der Reihe und Sie kennen die Wahrheit schon. Denn sie ist von allen Seiten gelehrt worden. Nicht allein die Philosophie und Psychologie, sondern auch die materialistischen Wissenschaften haben sie bestätigt. Wo ist heutzutage der Gelehrte, der sich scheut, die Wahrheit dieser Einheit des Universums anzuerkennen? Wo ist der, der von vielen Welten zu sprechen wagt? Alles das ist Aberglauben. Es gibt nur ein Leben und eine Welt, und dies eine Leben und diese eine Welt erscheint uns als mannigfältig. Diese Mannigfaltigkeit gleicht einem Traume. Wenn Sie träumen, verschwindet der eine Traum und ein neuer tritt auf. Sie leben nicht in Ihren Träumen. Die Träume kommen einer nach dem anderen, Szene auf Szene entwickelt sich vor Ihnen. So gibt es in dieser Welt neunzig Prozent Unglück und zehn Prozent Glück. Nach Verlauf einer Weile wird es vielleicht als neunzig Prozent Glück und zehn Prozent Unglück erscheinen, und wir werden das Himmel nennen, aber es kommt für den Weisen eine Zeit, wo das ganze Ding verschwindet, und diese Welt als Gott selbst erscheint, und seine eigene Seele als Gott. Darum ist es nicht so,

daß es viele Welten gibt, nicht so, daß es mehrere
Leben gibt. Die ganze Mannigfaltigkeit ist die Manife-
stierung dieses Einen. Das Eine manifestiert sich als
Mehreres, als Materie, Geistseele, Geist, Gedanke und
jegliches Ding sonst. Es ist das Eine, das sich selbst als
Mehreres manifestiert. Darum ist es für uns der erste
Schritt, uns selbst und anderen die Wahrheit zu lehren.
Laß die Welt widerhallen von diesem Ideal und laß den
Aberglauben schwinden. Sage es den Menschen, die
schwach sind und fahre darin fort, es Ihnen zu sagen.
Sie sind das reine Eine; wache auf und erhebe Dich, o
mächtiges Eines, dieser Schlaf steht Dir nicht an!
Wache auf und erhebe Dich, es paßt nicht für Dich!
Denk nicht, daß Du schwach und elend bist. Allmächtiger, auf und erwache, offenbare Deine eigene Natur.
Es ist ungeziemend, daß Sie selbst sich für einen Sünder halten. Es ist ungeziemend, daß Sie sich selbst für
schwach halten. Sagt es zu der Welt, sagt es zu Euch
selbst, und sehet zu, welch ein praktisches Resultat
herauskommt, seht wie jedes Ding wie mit einem
elektrischen Schlage manifestiert wird, wie jedes Ding
verändert ist. Erzähle es jedermann, und zeige ihm
seine Macht. Dann werden wir lernen, wie wir es auf
unser tägliches Leben anwenden müssen.
Um zur Anwendung dessen fähig zu sein, was wir
Viveka (Unterscheidungsvermögen) nennen, um zu
lernen, wie wir in jedem Augenblicke unseres Lebens,
bei jeder unserer Handlungen zwischen dem, was
recht und was schlecht, was wahr und was falsch ist,

unterscheiden müssen, müssen wir den Probierstein der Wahrheit erkennen, der Reinheit, Einheit ist. Jedes Ding, das der Einheit dient ist Wahrheit. Liebe ist Wahrheit und Haß ist falsch, weil der Haß dem Vielfachen dient. Der Haß ist es, der den Menschen vom Menschen scheidet, deshalb ist er schlecht und falsch. Er ist eine auflösende Kraft; er trennt und vernichtet.

Liebe verbindet, Liebe dient der Einheit. Sie werden eines, Mutter und Kind, Familie und Stadt, die ganze Welt wird eines mit den Tieren. Denn Liebe ist Wirklichkeit, Gott selber, und all dies ist die Offenbarung dieser einen Liebe, die sich mehr oder weniger ausdrückt. Der Unterschied liegt bloß im Grade, aber es ist überall die Manifestation dieser einen Liebe. Daher müssen wir bei jeder unserer Handlungen beurteilen, ob sie der Verschiedenheit oder der Einheit zustatten kommt. Wenn sie der Verschiedenheit dient, müssen wir sie unterlassen, aber wenn sie der Einheit dient, sind wir sicher, daß sie gut ist. So geht es auch mit unseren Gedanken; wir müssen entscheiden, ob sie der Auflösung, Vielfachheit oder der Einheit zugute kommen, die Seele an Seele binden und *eine* Wirkung zustande bringen. Wenn sie dies tun, wollen wir sie vollbringen, und wenn sie es nicht tun, wollen wir sie als verbrecherisch weglassen.

Die ganze Idee der Ethik besteht darin, daß sie nicht von etwas Unerkennbarem abhängt, nicht etwas Unerkanntes lehrt, sondern – in der Sprache der Upanishads – »den Gott, den wir als den unbekannten Gott verehren, denselben predige ich Dir«. Durch das Selbst erkennst Du jegliches Ding. Ich sehe den Stuhl, aber um ihn zu sehen, muß ich erst mein Selbst erkennen und dann den Stuhl. In und durch das Selbst wird der Stuhl erkannt. In und durch das Selbst sind Sie mir bekannt, ist die ganze Welt mir bekannt, und deshalb ist es ein reiner Unsinn zu sagen, daß das Selbst unbekannt ist. Nehmen Sie das Selbst weg, und das ganze Universum verschwindet. In und durch das Selbst entsteht alles Wissen. Deshalb ist es das Besterkannte von allem. Es ist Ihr eigenes Selbst, das Sie »Ich« nennen. Sie mögen sich darüber wundern, wie mein Ich Ihr Ich sein kann. Sie mögen sich darüber wundern, wie dies beschränkte Ich das unbeschränkte Unendliche sein kann, aber es ist so. Das Begrenzte ist eine reine Einbildung. Das Unendliche ist gleichsam zugedeckt worden, und ein wenig davon manifestiert sich als das Ich. Beschränkung kann sich niemals an das Unbeschränkte knüpfen; es ist eine Fiktion. Darum ist das Selbst jedem von uns bekannt, ob Mann, Weib oder Kind, und auch die Tiere kennen es. Ohne das Selbst zu kennen, können wir weder leben noch uns bewegen, noch unser Wesen bewahren; ohne diesen Herrn des Alls zu kennen, können wir keine Sekunde atmen oder leben. Der Gott der Vedanta ist der am besten bekannte von allen Göttern, und er ist nicht das Ergebnis einer Einbildung.

Wenn dies keinen praktischen Gott predigen heißt, wie könnten Sie sonst einen praktischen Gott lehren? Wo gibt es einen praktischeren Gott als ihn, den ich vor mir sehe, den allgegenwärtigen Gott in jedem Wesen, der wirklicher ist als unsere Sinne? Denn Sie sind es, der allgegenwärtige, allmächtige Gott, die Seele Ihrer Seelen, und wenn ich sage, Sie sind es nicht, sage ich eine Unwahrheit. Ich weiß es, ob ich es zu allen Zeiten verwirkliche oder nicht. Er ist die Einheit, die Einheitlichkeit des Alls, die Realität alles Lebens und aller Existenz.

Diese Vorstellungen der Ethik des Vedanta müssen bis in die Einzelheiten hinein ausgebildet werden, und Sie müssen deshalb Geduld haben. Wie ich Ihnen gesagt habe, wollen wir den Gegenstand im einzelnen behandeln und ihn ganz durcharbeiten, um zu sehen, wie die Vorstellungen aus ganz niedrigstehenden Idealen emporgewachsen sind und wie das eine große Ideal der Einheit sich entwickelt und sich zur allumfassenden Liebe gestaltet hat; wir sollten diese Vorstellungen studieren, um Gefahren zu vermeiden. Die Welt kann die Zeit nicht aufbringen, sie von den niedersten Stufen ab zu bewältigen. Aber welchen Vorteil haben wir davon, auf höheren Stufen zu stehen, wenn wir die Wahrheit nicht anderen, die nach uns kommen, übermitteln können? Deshalb ist es besser, sie in all ihren Leistungen zu studieren; und an erster Stelle ist es absolut notwendig, den verstandesmäßigen Teil aufzuhellen, obgleich wir wissen, daß dies Verstandesmäßige so gut wie nichts bedeutet; denn das Herz ist es, das dabei von der größten Wichtigkeit ist. Durch das

Herz wird der Herr erblickt, und nicht durch den Intellekt. Der Intellekt ist nur der Straßenreiniger, der den Weg für uns säubert, ein Handlanger zweiter Ordnung, ein Polizist; aber der Polizist ist für die Leistungen der Gesellschaft keine positive Notwendigkeit. Seine Aufgabe ist, nur Störungen zu beseitigen, Übeltaten zu verhindern, und das ist die ganze Leistung, die vom Intellekt verlangt wird. Wenn Sie intellektuelle Bücher lesen, denken Sie, wenn Sie sie kaum bewältigt haben: »Dank dem Herrgott, daß ich damit fertig bin«, weil der Intellekt blind ist und sich nicht von selber bewegen kann, denn er hat weder Hände noch Füße. Es ist das Gefühl, das tätig ist, das sich mit einem Erfolge bewegt, der unendlich dem der Elektrizität oder irgendeiner anderen Sache überlegen ist. Fühlen Sie? – das ist die Frage. Wenn Sie fühlen, werden Sie den Herrn erblicken! Das Gefühl, das Sie jetzt haben, wird verstärkt, vergöttlicht, auf das höchste Niveau emporgehoben werden, bis es jegliches Ding empfindet, die Einheit in jeglichem Ding, bis es Gott in sich selbst und den andern fühlt. Der Intellekt kann das niemals. »Verschiedene Methoden Wörter auszusprechen, verschiedene Methoden Bücherstellen zu erklären, das sind Dinge zum Vergnügen des Gelehrten, nicht zur Errettung der Seele.«

Diejenigen unter Ihnen, die Thomas a Kempis gelesen haben, wissen, wie er auf jeder Seite darauf hinweist: und fast jeder heilige Mann auf der Welt hat darauf hingewiesen. Der Intellekt ist notwendig, denn ohne ihn fallen wir in grobe Irrtümer und begehen alle Arten von Mißgriffen. Der Intellekt verhindert diese, doch davon abgesehen, machen Sie keinen Versuch, etwas darauf aufzubauen. Er ist eine inaktive Hilfe, eine Hilfe zweiten Ranges; die wirkliche Hilfe ist das Gefühl, die Liebe. Haben Sie Gefühl für andere? Wenn Sie es haben, wachsen Sie in die Einheit hinein. Wenn Sie nichts für andere fühlen, können Sie der größte Verstandesriese sein, der je das Licht der Welt erblickte, und doch werden Sie nichts sein; Sie sind nur trockener Verstand, und das werden Sie bleiben. Aber wenn Sie fühlen, sogar wenn Sie kein Buch lesen können und keine Sprache kennen, so sind Sie auf dem richtigen Wege. Der Herr ist mit Ihnen.

Wissen Sie nicht aus der Weltgeschichte, worin die Gewalt der Propheten lag? Worin bestand sie? Im Intellekt? Schrieb einer unter ihnen ein ausgeklügeltes Buch über Philosophie, über die verzwicktesten Beweisführungen der Logik? Kein einziger. Sie sagten nur wenige Worte: »Fühle wie Christus und Du wirst ein Christ sein; fühle wie Buddha und Du wirst ein Buddha sein.« Das Gefühl ist es, das Leben, Stärke, Vitalität bedeutet, und ohne dessen Hilfe kein Berg von intellektueller Aktivität Gott erreichen kann. Der Intellekt gleicht den Gliedmaßen ohne die Kraft der Ortsveränderung. Erst wenn das Gefühl auftritt und ihnen Beweglichkeit verleiht, bewegen sie sich und wirken auf andere. Auf der ganzen Welt ist das so, und das ist eine Sache, an die Sie immer denken müssen. Es ist eine der praktischsten Sachen in der Morallehre des Vedanta, denn es begreift die Lehre des Vedanta, daß Sie alle Propheten sind, und alle Propheten sein müssen. Das Buch ist nicht der Probierstein Ihres Verhaltens, sondern Sie sind der Probierstein des Buches. Woher wissen Sie, daß ein Buch Wahrheit lehrt? Weil Sie Wahrheit sind und es fühlen. Das ist es, was der Vedanta sagt. Was ist der Probierstein für die Christen und Buddhamänner in der Welt? Daß Sie und ich gleich ihnen fühlen. Auf diese Weise verstehen Sie und ich, daß sie Wahrheit lehrten. Unsere prophetische Seele ist der Probierstein ihrer Prophetenseele. Ihr Gottesgeist ist der Beweis für Gott selbst. Wenn Sie kein Prophet sind, hat es nie eine Wahrhaftigkeit Gottes gegeben. Wenn Sie nicht Gott sind, hat es nie einen Gott gegeben und wird nie einen geben. Dies, sagt der Vedanta, ist das Ideal, dem man Folge leisten soll. Jeder von uns wird ein Prophet werden, und Sie sind es bereits. Man muß es nur wissen! Denke nie, daß es für die Seele etwas Unmögliches gibt. Das zu denken ist die größte Ketzerei. Wenn es eine Sünde gibt, so ist es die einzige Sünde, zu sagen, daß Sie schwach sind, oder, daß andere schwach sind.

Praktischer Vedanta,
II. Teil

Ich will Ihnen eine ganz alte Geschichte aus der Chandogya-Upanishad berichten, die erzählt, wie ein Knabe zum Wissen kam. Die äußere Form der Geschichte ist ganz roh, aber wir werden finden, daß sie ein Grundprinzip enthält. Ein kleiner Knabe sagte zu seiner Mutter: »Ich will gehen und die Veden studieren. Sag' mir den Namen meines Vaters und meine Kaste.« Die Mutter war keine verheiratete Frau, und in Indien wird das Kind einer Frau, die nicht verheiratet gewesen ist, als kastenlos angesehen; es wird von der Gesellschaft nicht anerkannt und ist nicht berechtigt, die Veden zu studieren. So sagte denn die arme Mutter: »Mein Kind, ich kenne Deinen Familiennamen nicht; ich war in Stellung und diente an verschiedenen Orten; ich weiß nicht, wer Dein Vater ist, aber mein Name ist Jabala und Dein Name ist Satyakama.« Der kleine Knabe ging zu einem Weisen und bat, als Schüler aufgenommen zu werden. Der Weise fragte ihn: »Wie ist der Name Deines Vaters und welches ist Deine Kaste?« Der Knabe wiederholte ihm, was er von seiner Mutter gehört hatte. Plötzlich sagte der Weise: »Nur ein Brahmane könnte eine so nachteilige Wahrheit über sich selbst aussprechen. Du bist ein Brahmane und ich will Dich unterrichten. Du bist nicht von der

Wahrheit abgewichen.« So nahm er den Knaben mit sich und erzog ihn.

Nun kommen ein paar von den eigenartigen Erziehungsmethoden im alten Indien. Der Lehrer gab Satyakama vierhundert magere, schwache Kühe zur Obhut und schickte ihn in den Wald. Er ging hin und lebte dort einige Zeit. Der Lehrer hatte ihm gesagt, er solle zurückkehren, wenn die Herde bis auf tausend angewachsen sein würde. Nach einigen Jahren hörte Satyakama eines Tages einen feisten Stier in der Herde zu ihm sagen: »Wir sind jetzt tausend; führe uns zurück zu Deinem Lehrer. Ich werde Dich ein wenig vom Brahman lehren.« »Sprich weiter, Herr!« sagte Satyakama. Darauf sagte der Stier: »Der Osten ist ein Teil des Herrn, und auch der Westen, ebenso der Süden und auch der Norden. Die vier Kardinalpunkte sind die vier Teile des Brahman. Das Feuer wird Dich ebenso etwas vom Brahman lehren.« Das Feuer war in jenen Tagen das große Sinnbild, und jeder Schüler hatte das Feuer zu besorgen und Opfergaben zu bringen. So brach Satyakama am folgenden Tage zum Hause seines Guru auf, und als er am Abend sein Opfer dargebracht hatte und beim Feuer sein Gebet verrichtete und in der Nähe saß, hörte er eine Stimme aus dem Feuer dringen: »O Satyakama!« »Sprich, Herr!« sagte Satyakama. (Vielleicht erinnern Sie sich an eine ganz ähnliche Geschichte aus dem Alten Testament, wo Samuel eine geheimnisvolle Stimme hörte.) »O Satyakama, ich bin gekommen, um Dich ein wenig vom Brahman zu lehren. Diese Erde ist ein Teil dieses Brahman. Die Wolke und der Himmel sind Teile von ihm. Der Ozean ist ein Teil dieses Brahman.« Dann sagte das Feuer, daß auch ein gewisser Vogel ihn etwas lehren würde. Satyakama setzte seinen Weg fort, und als er sein Abendopfer dargebracht hatte, kam ein Schwan zu ihm und sagte: »Ich will Dich etwas vom Brahman lehren. Dies Feuer, das Du anbetetest, o Satyakama, ist ein Teil dieses Brahmans. Die Sonne ist ein Teil, der Mond ist ein Teil, das Licht ist ein Teil dieses Brahman. Ein Vogel mit Namen Madgu wird Dir mehr davon berichten.« Am nächsten Abend kam dieser Vogel und Satyakama hörte eine ähnliche Stimme: »Ich will Dir einiges über Brahman mitteilen. Der Atem ist ein Teil des Brahman, das Leben ist ein Teil, das Hören ist ein Teil, der Geist ist ein Teil.« Dann kam der Knabe zum Orte seines Lehrers und stellte sich ihm mit der gebührenden Ehrfurcht vor. Sobald der Lehrer seinen Schüler erblickt hatte, bemerkte er: »Satyakama, Dein Antlitz gleicht einem Kenner des Brahman! Wer hat Dich denn gelehrt?« »Andere Wesen denn Menschen,« erwiderte Satyakama. »Aber ich wünsche, daß Ihr mich belehrt, Herr! Denn ich habe von Menschen, wie Sie es sind, gehört, daß nur das Wissen, das man von einem Guru gelernt hat, zum höchsten Gute führt.« Dann lehrte ihn der Weise die gleiche Erkenntnis, die er von den Göttern erhalten hatte. »Und nichts war ausgelassen, ja, nichts war ausgelassen.«

Nun, abgesehen von den Allegorien, die der Stier, das Feuer und die Vögel lehrten, sehen wir die Tendenz des Denkens und die Richtung, in der es in jener Zeit ging. Die große Idee, deren Keim wir hier sehen, ist die, daß alle diese Stimmen in uns selber sind. Sobald wir diese Wahrheiten besser begreifen, finden wir, daß diese Stimme in unserm eigenen Herzen wohnt, und der Schüler begriff, daß er allezeit die Wahrheit hörte, aber seine Erklärung war nicht richtig. Er legte die Stimme so aus, als käme sie aus der Außenwelt, während sie allzeit in ihm war. Die zweite Vorstellung, die wir erhalten, ist die, das Wissen vom Brahman praktisch zu gestalten. Die Welt sucht beständig die praktischen Möglichkeiten der Religion, und wir finden in diesen Geschichten, wie sie jeden Tag praktischer würde. Die Wahrheit würde von jedem Gegenstand bewiesen, womit die Schüler vertraut wurden. Das Feuer, das sie verehrten, war Brahman, die Erde war ein Teil Brahmans usw.

Die nächste Geschichte betrifft Upakosala Kamalayana, einen Schüler dieses Satyakama, der zu ihm in die Lehre kam und mit ihm einige Zeit verweilte. Nun ging Satyakama eines Tages fort, und der Schüler wurde sehr niedergeschlagen, und als des Lehrers Frau kam und ihn fragte, warum er nicht äße, sagte der Knabe: »Ich bin zu unglücklich, um zu essen!« Da kam eine Stimme aus dem Feuer, das er anbetete, und sagte: »Dies Leben ist Brahman. Brahman ist der Äther und Brahman ist das Glück. Erkenne Brahman!« »Ich weiß,

Herr,« erwiderte der Knabe, »dies Leben ist Brahman, aber daß es Äther und Glück ist, weiß ich nicht.« Dann erklärte das Feuer, daß die beiden Worte Äther und Glück in Wirklichkeit ein Ding bezeichnen, und zwar den empfindenden Äther (die reine Intelligenz), der im Herzen wohnt. So lehrte es ihm Brahman als Leben und als den Äther im Herzen. Dann lehrte ihn das Feuer: »Diese Erde, Nahrung, Feuer und Sonne, die Du verehrst, sind Formen des Brahman. Die, die der Seher in der Sonne ist, bin ich. Wer dies weiß und über ihn nachdenkt, dessen Sünden schwinden alle dahin, und er hat ein langes Leben und wird glücklich. Wer in den Kardinalpunkten, dem Monde, den Sternen und dem Wasser lebt, ich bin es. Wer in diesem Leben lebt, im Äther, in den Himmeln und im Lichte, ich bin es.« Hier sehen wir ebenso dieselbe Idee einer praktischen Religion. Die Dinge, die sie verehrten, wie das Feuer, die Sonne, der Mond usw. und die Stimme, mit der sie vertraut waren, bilden den Gegenstand der Geschichten, die sie erklären und ihnen eine höhere Bedeutung geben. Dies ist die reale, praktische Seite der Vedanta. Sie vernichtet die Welt nicht, aber sie erklärt sie; sie zerstört die Person nicht, aber erklärt sie; sie zerstört die Individualität nicht, aber erklärt sie, indem sie die wirkliche Individualität zeigt. Sie zeigt nicht, daß diese Welt eitel ist und nicht existiert, sondern sie sagt: »Verstehe, was die Welt ist, dann wird sie Dich nicht verletzen.« Die Stimme sagte nicht zu Satyakama, daß das Feuer, das er verehrte, ganz falsch war, oder die

Sonne, der Mond, das Licht oder sonst etwas, aber sie zeigte ihm, daß derselbe Geist, der in der Sonne, dem Mond, dem Lichte, dem Feuer und der Erde ist, in ihm ist, so daß jegliches Ding gleichsam verwandelt wurde in den Augen Satyakamas. Das Feuer, das vorher hauptsächlich ein materielles Feuer war, dem man Opfer brachte, nahm einen neuen Aspekt an und wurde zum Herrn. Die Erde wurde verwandelt, Leben wurde verwandelt, die Sonne, der Mond, die Sterne, das Licht, jedes Ding wurde verwandelt und vergöttlicht. Seine wirkliche Natur wurde erkannt. Der Gegenstand des Vedanta ist, Gott in jedem Ding zu erblicken, die Dinge in ihrer realen Natur zu sehen, nicht so, wie sie zu sein scheinen.

Dann wird ein anderes Lehrstück in den Upanishads gelehrt: »Der durch die Augen hindurchscheint ist Brahman; er ist das wundervolle Eine, er ist das leuchtende Eine. Er leuchtet in allen diesen Welten.« Ein gewisses eigentümliches Licht, sagt ein Kommentator, das zu dem reinen Menschen tritt, ist das, was mit dem Lichte in den Augen gemeint ist, und es heißt, daß, wenn ein Mensch rein ist, so wird ein solches Licht in seinen Augen leuchten, und dies Licht gehört in Wahrheit zu der Seele drinnen, die überall ist. Er ist das nämliche Licht, das in den Planeten, den Sternen und Sonnen leuchtet.

Ich will Ihnen jetzt über einige andere Lehren der alten Upanishads berichten, die von Geburt und Tod und dergleichen handeln. Vielleicht wird es Sie interessieren. Shvetaketu ging zu dem Könige der Panchalas, und der König fragte ihn: »Weißt Du, wohin die Menschen gehen, wenn sie sterben? Weißt Du, wie sie zurückkommen? Weißt Du, warum die andere Welt nicht voll wird?« Der Knabe antwortete, er wisse es nicht. Dann ging er zu seinem Vater und stellte ihm die gleichen Fragen. Der Vater sagte: »Ich weiß es nicht«, und sie kehrten beide zum König zurück. Der König sagte, daß dies Wissen den Priestern nie bekannt war, nur den Königen war es bekannt, und das ist der Grund, warum die Könige die Welt regieren. Dieser Mann diente dem König einige Zeit, und zuletzt sagte der König, er wolle ihn unterrichten. »Die andere Welt, o Gautama, ist das Feuer. Die Sonne ist ihr Brennstoff. Die Strahlen sind sein Rauch. Der Tag ist eine Flamme. Der Mond ist die Asche. Und die Sterne sind die Funken. In dies Feuer gießen die Götter das Trankopfer des Glaubens und aus diesem Trankopfer wird der König Soma geboren.« Und dann geht er weiter. »Du brauchst dem kleinen Feuer keine Opfergabe zu spenden; die ganze Welt ist dies Feuer, und diese Opfergabe, diese Verehrung geht andauernd fort. Die Götter und die Engel und jedermann verehrt es. Der Mensch ist das größte Sinnbild des Feuers, der Körper des Menschen.« Hier sehen wir auch, wie das Ideal praktisch und Brahman in jedem Ding erblickt wird. Das Prinzip, das allen diesen Geschichten zugrunde liegt, ist, daß der erfundene Symbolismus gut und nützlich sein mag, doch gibt es bereits bessere Symbole als wir sie erfinden können. Sie mögen ein Bild erfinden, um dadurch Gott zu verehren, aber es existiert schon ein besseres Bild, der lebendige Mensch. Sie mögen einen Tempel erbauen, um Gott darin zu verehren, und das kann gut sein, aber es existiert bereits ein besserer, ein viel höherer, und das ist der menschliche Körper.

Sie erinnern sich, daß die Vedas zwei Teile haben, den zeremoniellen (rituellen) und den Erkenntnisteil. Mit der Zeit vervielfältigten sich die rituellen Gebräuche und wurden so verwickelt, daß es fast hoffnungslos wurde, sie zu entwirren, und in den Upanishads finden wir, daß die Zeremonien fast beseitigt sind, doch in behutsamer Weise, indem sie erklärt werden. Wir sehen, daß man in alter Zeit diese Opferspenden und Gaben hatte, dann kamen die Philosphen, und anstatt die Symbole den Händen der Unwissenden zu entreißen, anstatt die negative Haltung anzunehmen, die wir unglücklicherweise so allgemein in modernen Zeiten finden, gaben sie den Leuten etwas, das ihren Platz einnahm. »Hier ist das Symbol des Feuers,« sagten sie. »Sehr gut! Aber hier ist ein anderes Symbol: die Erde. Welch ein gewaltiges, großes Symbol. Hier ist dieser kleine Tempel, aber das ganze Universum ist ein Tempel; ein Mensch kann überall verehren. Es gibt besondere Bilder, die die Menschen auf die Erde hinabziehen, und es gibt die Altäre, aber hier ist der größte Altar, der lebendige, bewußte menschliche Körper, und an diesem Altar zu verehren steht weit höher als einige tote Symbole zu verehren.«

Wir kommen nun zu einer eigentümlichen Lehre. Ich verstehe selber nicht viel davon. Wenn Sie etwas davon erklären können, so will ich sie Ihnen mitteilen. Wenn ein Mensch stirbt, der durch Meditation sich gereinigt und Erkenntnis gewonnen hat, so geht er zuerst zum Lichte, dann vom Lichte zum Tage, vom Tage zum Lichte auf halbem Wege zum Monde, von hier zu den sechs Monaten, wenn die Sonne nach Norden geht, von hier zum Jahr, vom Jahr zur Sonne, von der Sonne zum Monde, vom Monde zum Leuchtenden, und wenn er in die Sphäre des Leuchtenden kommt, trifft er eine Person, die nicht menschlicher Art ist, und diese Person führt ihn zu dem (bedingten) Brahma. Dies ist der Weg der Götter. Wenn weise und kenntnisreiche Leute sterben, so gehen sie diesen Weg und kehren nicht zurück. Was unter diesem Monat und Jahr zu verstehen ist und all diesen Dingen, das weiß niemand genau. Jeder gibt seine eigene Ansicht zum besten, und einige sagen, es sei alles Unsinn. Was ist unter dem Gehen zu der Welt des Mondes und der Sonne zu verstehen, was unter der Person, die der Seele zu Hilfe eilt, nachdem sie die Sphäre des Leuchtenden erreicht hat, – niemand weiß es. Es gibt eine Idee bei den Hindus, daß der Mond ein Ort ist, wo Leben existiert, und wir werden sehen, wie das Leben von dort gekommen ist. Diejenigen, die nicht zur Erkenntnis vorgedrungen sind, aber in diesem Leben gute Werke getan haben, gehen, wenn sie sterben, zuerst durch Rauch, dann zur Nacht, dann zu den dunklen vierzehn Tagen, dann zu den sechs Monaten, wenn die Sonne nach Süden geht, und von hier aus gehen sie zu der Region ihrer Vorväter, dann zum Äther, dann zur Region des Mondes, und dort erhalten sie die Nahrung der Götter, und später werden sie als Götter geboren und leben hier solange, wie ihre guten Werke es gestatten. Wenn dann die Wirkung der guten Werke beendet ist, kommen sie auf dem gleichen Wege zur Erde zurück. Sie werden zuerst Äther, dann Luft, dann Rauch, dann Nebel, dann Wolke, dann fallen sie als Regentropfen auf die Erde; dann treten sie in die Nahrung ein, die von menschlichen Wesen gegessen wird, und werden schließlich deren Kinder. Diejenigen, deren Werke sehr gut gewesen sind, werden in guten Familien geboren, und die, deren Werke schlecht gewesen sind, nehmen schlechte Geburten an, sogar in Tierkörpern. Die Tiere kommen und gehen andauernd zur und von der Erde. Das ist der Grund, weshalb die Erde weder voll noch leer ist.

Auch hierdurch können wir verschiedene Vorstellungen gewinnen, und später werden wir vielleicht imstande sein, sie besser zu begreifen und wir können ein wenig über ihren Sinn spekulieren. Der letzte Teil, der davon handelt, wie diejenigen, die im Himmel gewesen sind, zurückkehren, ist vielleicht klarer als der erste Teil, aber die ganze Idee scheint zu sein, daß es keinen dauernden Himmel gibt ohne die Verwirklichung Gottes. Wenn nun einige Leute sterben, die Gott nicht verwirklicht haben, aber auf dieser Welt gute

Werke getan haben, in der Aussicht, sich der Ergebnisse zu erfreuen, so gehen sie durch diesen und jenen
Ort hindurch, bis sie den Himmel erreichen, und dort
werden sie auf gleiche Weise geboren wie wir hier, als
Kinder der Götter; sie leben hier, solange es ihre guten
Werke zulassen. Hieraus entsteht eine Grundidee des
Vedanta, nämlich, daß jedes Ding, das Name und
Form hat, vergänglich ist. Diese Erde ist vergänglich,
weil sie Name und Form hat; die Himmel müssen
vergänglich sein, weil auch hier Name und Form vorhanden sind. Ein ewiger Himmel ist eine contradictio
in terminis, weil jedes Ding, das Name und Form hat,
in der Zeit einen Anfang haben, in der Zeit existieren
und in der Zeit enden muß. Das sind ausgemachte
Lehren des Vedanta, und die Himmel sind daher als
solche aufgegeben worden.
Wir haben in der Samhita (Sammlung) gesehen, daß
die Vorstellung vom Himmel ewig war, ungefähr das
gleiche, was bei Mohammedanern und Christen vor-
wiegt. Die Mohammedaner gestalten sie noch etwas
gegenständlicher. Sie sagen, es sei ein Ort, wo es
Gärten gibt, unter denen Flüsse strömen. In der Einöde
Arabiens ist Wasser sehr begehrenswert, daher denkt
sich der Mohammedaner seinen Himmel stets mit viel
Wasser versehen. Ich ward in einer Gegend geboren,
wo es jedes Jahr sechs Monate regnet. Ich vermute, daß
ich mir den Himmel als einen sehr trockenen Ort
vorstellen würde. Diese Himmel in der Samhita sind
ewig, und die Abgeschiedenen haben wundervolle

Körper und leben mit ihren Vorvätern und sind später stets glücklich. Sie treffen dort ihre Eltern, Kinder und anderen Verwandten und führen im großen und ganzen dasselbe Leben wie hier, nur viel glücklicher. All die Schwierigkeiten und Hindernisse, die dem Glücke in diesem Leben entgegenstehen, sind geschwunden, und nur seine guten Seiten und seine Freuden bleiben übrig. Aber wie angenehm den Menschen dieser Zustand der Dinge erscheinen mag, Wahrheit ist ein Ding für sich, und Bequemlichkeit ist ein anderes. Es gibt Fälle, wo die Wahrheit nicht bequem ist, bis wir ihren Höhepunkt erreichen. Die menschliche Natur ist sehr konservativ. Sie tut etwas, und wenn sie einmal etwas getan hat, so findet sie es beschwerlich, es nicht mehr zu tun. Der Geist will keine neuen Gedanken aufnehmen, weil sie Unbequemlichkeiten verursachen.

In den Upanishads sehen wir eine fürchterliche Abweichung hiervon gemacht. Es wird erklärt, daß diese Himmel, in welchen die Menschen mit ihren Voreltern nach dem Tode leben, nicht dauerhaft sein können, in Anbetracht dessen, daß jedes Ding, das Name und Form hat, sterben muß. Wenn es Himmel mit Formen gibt, so müssen diese Himmel im Laufe der Zeit hinschwinden; sie mögen Millionen von Jahren bestehen, aber es muß eine Zeit kommen, wo sie dahin müssen. Mit dieser Vorstellung verband sich eine andere, nämlich, daß diese Seelen zu der Erde zurückkehren müssen, und daß die Himmel Orte sind, wo sie die Ergebnisse ihrer guten Taten genießen, und wenn diese Wirkungen beendet sind, kommen sie wieder zum Erdenleben zurück. Hieraus wird eines klar, nämlich, daß die Menschen sogar in derselben Zeit eine Wahrnehmung von der Kausalitätsphilosophie hatten. Später werden wir sehen, wie unsere Philosophen dies in der Sprache der Philosophie und Logik zum Ausdruck bringen, aber hier ist es in einer Kindersprache ausgedrückt. Eine Sache können Sie bei der Lektüre dieser Bücher bemerken, nämlich, daß alles innere Wahrnehmung ist. Wenn Sie mich fragen, ob das praktisch sein kann, so lautet meine Antwort, es ist zuerst praktisch gewesen und dann philosophisch. Sie können bemerken, wie diese Dinge zuerst wahrgenommen und verwirklicht, dann geschrieben wurden. Diese Welt sprach zu den alten Denkern, Vögel sprachen zu ihm, Tiere sprachen zu ihm, die Sonne und der Mond sprachen zu ihm; nach und nach verwirklichten sie Dinge und gelangten in das Herz der Natur, nicht durch Nachdenken, nicht durch die Kraft der Logik, nicht dadurch, daß sie die Gedanken anderer auflasen und ein dickes Buch daraus machten, wie es in modernen Zeiten der Brauch ist, auch nicht, so wie ich es mache, indem ich ihre Schriften aufgreife und einen langen Kursus darüber halte, sondern durch geduldige Untersuchung und Erforschung fanden sie die Wahrheit heraus. Ihre wesentliche Methode war Praxis, und so muß es immer sein. Religion ist immer eine praktische Wissenschaft, und es gab und wird nie eine theologische Religion geben. Es ist zuerst Praxis und dann Wissen. Die Vorstellung, daß die Seelen zurückkehren, ist schon vorhanden. Jene Leute, die gute Werke mit der Absicht auf ein Ergebnis vollbringen, erhalten dies Ergebnis, aber es dauert nicht an. Wir erhalten hier die Vorstellung der Kausalität in einem wunderbar fortentwickelten Stadium, nämlich, daß die Wirkung nur an der Ursache meßbar ist. Wie die Ursache beschaffen ist, so wird auch die Wirkung beschaffen sein. Ist die Ursache endlich, so muß auch die Wirkung endlich sein. Wenn die Ursache ewig ist, so kann auch die Wirkung ewig sein, aber alle diese Ursachen, das Vollbringen guter Werke und alle anderen Dinge sind nur begrenzte Ursachen, und als solche können sie keine unendlichen Resultate hervorbringen.

Wir kommen nun zu der anderen Seite der Frage. Wie es keinen ewigen Himmel geben kann, so kann es aus denselben Gründen auch keine ewige Hölle geben. Angenommen, ich bin ein sehr schlechter Mensch und tue in jeder Minute meines Lebens Böses. Und doch ist mein ganzes Leben hier, verglichen mit meinem ewigen Leben, ein Nichts. Wenn es eine ewige Bestrafung gibt, so bedeutet das, daß es eine unendliche Wirkung gibt, die von einer endlichen Ursache erzeugt worden ist, was unmöglich ist. Wenn ich mein ganzes Leben hindurch Gutes tue, kann ich keinen unendlichen Himmel gewinnen; das würde denselben Fehler begehen heißen. Aber es gibt einen dritten Weg, der sich auf die bezieht, die die Wahrheit erkannt haben, auf die,

die sie realisiert haben. Dies ist der einzige Weg, hinter den Schleier der Maya zu gelangen, – zu realisieren, was Wahrheit ist; und die Upanishads geben an, was unter der Realisierung der Wahrheit zu verstehen ist.

Es bedeutet weder Gutes noch Böses anzuerkennen, sondern zu wissen, daß alles aus dem Selbst kommt; das Selbst ist in jeglichem Ding. Es bedeutet, das Universum zu verneinen; verschließen Sie Ihre Augen davor; sehen Sie den Herrn so gut in der Hölle als im Himmel; es besteht darin, daß man den Herrn sowohl im Leben wie im Tode sieht. Dies ist der Gedankengang in der Stelle, die ich Ihnen zur Kenntnis gebracht habe; die Erde ist ein Sinnbild des Herrn, der Himmel ist der Herr, der Ort, den wir einnehmen, ist der Herr, jegliches Ding ist Brahman. Und dies muß gesehen, realisiert werden; man darf nicht einfach darüber reden und denken. Als logische Folgerung daraus können wir bemerken, daß, wenn die Seele dies realisiert hat, alles voll des Herrn ist, des Brahman, dann bekümmert sie sich nicht mehr darum, ob sie zum Himmel, zur Hölle oder sonstwohin geht, ob sie auf dieser Erde wiedergeboren wird oder im Himmel. Diese Dinge haben aufgehört, irgend eine Bedeutung für die Seele zu besitzen, weil jeder Ort derselbe ist, jeder Ort ist der Tempel des Herrn, jeder Ort ist heilig geworden, und die Gegenwart des Herrn ist alles, was er im Himmel oder der Hölle oder sonstwo sieht. Weder Gutes noch Böses, weder Leben noch Tod, nur der eine unendliche Brahman existiert.

Dem Vedanta nach ist der Mensch, wenn er zu dieser Wahrnehmung gelangt ist, frei geworden, und er ist der einzige Mensch, der geeignet ist, um in dieser Welt zu leben. Die anderen sind es nicht. Der Mensch, der Übel sieht, wie kann der in dieser Welt leben? Sein Leben ist eine Fülle von Elend. Der Mensch, der Gefahren sieht, dessen Leben ist ein Elend; der Mensch, der den Tod sieht, dessen Leben ist ein Elend. Der Mensch allein kann in dieser Welt leben, der allein kann sagen: »Ich genieße dieses Leben, und ich bin glücklich in diesem Leben«, der die Wahrheit gesehen hat und die Wahrheit in jedem Ding. Im Vorübergehen möchte ich Ihnen mitteilen, daß die Vorstellung von der Hölle in den Veden nirgendwo vorkommt. Sie kommt mit den Puranas auf, viel später. Die schlimmste Bestrafung nach den Vedas ist die, zur Erde zurückzukommen und eine neue Möglichkeit in dieser Welt zu haben. Wir sehen von Anfang an, daß die Vorstellung eine unpersönliche Wendung nimmt. Die Vorstellungen von Belohnung und Bestrafung sind recht materialistisch, und sie stehen nur im Einklang mit der Vorstellung eines menschlichen Gottes, der den einen liebt und den andern haßt, gerade wie wir es tun. Belohnung und Bestrafung sind nur mit der Existenz eines solchen Gottes zu vereinbaren. In den Samhitas hatte man einen solchen Gott, und da finden wir die Vorstellung der Furcht auftreten, aber sobald wir zu den Upanishads kommen, verschwindet die Angstvorstellung und die unpersönliche Vorstellung nimmt ihren

Platz ein. Es ist natürlich für den Menschen sehr schwer, diese unpersönliche Vorstellung zu begreifen, denn er hängt stets an der Persönlichkeit fest. Sogar Leute, die in dem Ansehen großer Denker stehen, werden von der Vorstellung eines unpersönlichen Gottes angewidert. Mir aber scheint es geradeso absurd, mir Gott als einen verkörperten Menschen zu denken. Welches ist die höhere Vorstellung, ein lebender Gott oder ein toter Gott? Ein Gott, der niemand sieht, niemand kennt oder ein bekannter Gott?

Der unpersönliche Gott ist ein lebendiger Gott, ein Prinzip. Der Unterschied zwischen dem Persönlichen und dem Unpersönlichen ist der, daß das Persönliche nur ein Mensch ist, und die unpersönliche Idee ist, daß Er der Engel, der Mensch, das Tier und sonst mehr ist, was wir nicht sehen können, da Unpersönlichkeit alle Persönlichkeiten einschließt, die Gesamtsumme aller Dinge im Universum und unendlich mehr dazu ist. »Wie das eine Feuer in die Welt kommt und sich selber in mancherlei Formen manifestiert und noch unendlich mehr außer dem ist, so verhält es sich mit dem Unpersönlichen.«

Wir wünschen, einen lebenden Gott zu verehren. Weder ich noch Sie haben im ganzen Leben etwas anderes gesehen als Gott. Um diesen Stuhl zu sehen, sehen Sie erst Gott und dann durch und in ihm den Stuhl. Er ist überall und spricht: »Ich bin«. In dem Augenblick, wo Sie fühlen: »Ich bin«, sind Sie der Existenz bewußt. Wohin sollen wir gehen, um Gott zu finden, wenn wir ihn nicht in unseren eigenen Herzen sehen können und in jedem lebenden Wesen? »Du bist der Mann, du bist das Weib, du bist das Mädchen und du bist der Knabe. Du bist der Greis, der am Stabe wankt. Du bist der Jüngling, der im Stolze seiner Stärke einhergeht.« Du bist alles, was existiert, ein wundervoller lebendiger Gott, der die einzige Tatsache im Universum ist. Dies scheint manchem ein entsetzlicher Widerspruch zu dem herkömmlichen Gotte zu sein, der überall hinter einem Schleier lebt und den niemand je sieht. Nur die Priester geben die Versicherung, daß, wenn wir ihnen folgen, auf ihre Ermahnungen hören und auf dem Wege wandeln, den sie für uns ausmachen, daß sie dann, wenn wir sterben, uns einen Paß mitgeben, der uns befähigt, das Angesicht Gottes zu erblicken! Was sind alle die Vorstellungen vom Himmel anders, als einfach Modifikation dieser unsinnlichen Priesterkraft?

Natürlich ist die unpersönliche Vorstellung sehr destruktiv; sie beseitigt den ganzen Handel der Priester, Kirchen und Tempel. In Indien herrscht gegenwärtig (1896) eine Hungersnot, aber es gibt Tempel, in denen Juwelen vorhanden sind, die eines Königs Lösegeld ausmachen könnten. Wenn die Priester dem Volke diese unpersönliche Idee lehrten, so wäre es mit ihrer Beschäftigung aus. Aber wir müssen sie ohne Eigennutz, ohne Pfaffentrug lehren. Sie sind Gott und ich bin es; wer von beiden gehorcht? Wer von beiden verehrt? Sie sind der höchste Tempel Gottes; ich würde lieber Sie verehren als irgendeinen Tempel, ein Bild oder eine Bibel. Warum sind manche Leute so widerspruchsvoll in ihrem Denken? Sie sind wie Fische, die uns durch die Finger schlüpfen. Man sagt, es sind hartköpfige Praktiker. Sehr gut. Aber was ist praktischer als hier zu verehren, als Sie zu verehren? Ich sehe Sie, fühle Sie und weiß, Sie sind Gott. Die Mohammedaner sagen, es gibt keinen Gott als Allah. Der Vedanta sagt, es gibt nichts anderes als Gott. Manche von Ihnen mag er erschrecken, aber Sie werden nach und nach begreifen. Der lebendige Gott ist in Ihnen, und doch bauen Sie Kirchen und Tempel und glauben an alle Art eingebildeten Unsinn. Der einzige zu verehrende Gott ist die menschliche Seele im menschlichen Körper. Natürlich sind auch alle Tiere Tempel, aber der Mensch ist der höchste, der Taj Mahal unter den Tempeln. Wenn ich nicht in ihm verehren kann, wird kein anderer Tempel mir Nutzen bringen. In dem Augenblick, wo ich es verwirklicht habe, daß Gott in dem Tempel jedes Menschenkörpers sitzt, in dem Augenblick, wo ich in Ehrfurcht vor jedem menschlichen Wesen stehe und Gott in ihm sehe, in diesem Augenblick bin ich frei von Gebundenheit, jedes Ding, das mich bindet, schwindet dahin, und ich bin frei.

Dies ist die praktischste Art der Verehrung. Sie hat nichts mit Theoretisieren und Spekulation zu tun, und doch erschreckt sie manche. Sie sagen, es sei nicht richtig. Sie theoretisieren weiter über alte Ideale, die ihnen von ihren Großvätern überliefert worden sind, daß ein Gott irgendwo im Himmel jemandem erzählt hätte, er sei Gott. Seit dieser Zeit haben wir nur Theorien. Dies ist nach ihrer Ansicht praktisches Verhalten, und unsere Vorstellungen seien unpraktisch! Es ist richtig, der Vedanta sagt, daß jedes seinen eigenen Weg gehen muß, aber der Weg ist nicht das Ziel. Die Verehrung eines Gottes im Himmel und all diese Dinge sind nicht schlecht, aber sie sind nur Stufen zur Wahrheit hin und nicht die Wahrheit selber. Sie sind gut und schön, und es gibt da wundervolle Ideen, aber der Vedanta sagt an jeder Stelle: »Lieber Freund, ihn, den du als Unbekannten verehrst, den verehre ich als dich. Ihn, den du als Unbekannten verehrst und nach dem du suchst durch das ganze Universum, der ist allezeit bei dir gewesen. Du lebst durch ihn, und er ist der ewige Zeuge des Universums.« »Er, den alle Vedas verehren, nein, noch mehr, er, der stets in dem ewigen ›Ich‹ gegenwärtig ist, – wenn er existiert, existiert das gesamte Universum. Er ist das Licht und Leben des Alls. Wenn das Ich nicht in dir wäre, würdest du die Sonne nicht sehen, alles wäre eine dunkle Masse. Wenn er leuchtet, siehst du die Welt.«

Eine Frage wird allgemein erhoben, nämlich die, daß dies zu einer erheblichen Fülle von Schwierigkeiten führt. Jeder von uns wird denken: »Ich bin Gott, und was ich tue oder denke, muß gut sein, denn Gott kann nichts Böses tun.« Zunächst angenommen, diese Gefahr der Mißdeutung sei unausweichlich, kann es da bewiesen werden, daß auf der anderen Seite die gleiche Gefahr nicht besteht? Man hat einen Gott im Himmel, einen von den Menschen abgetrennten Gott verehrt, vor dem man sich sehr fürchtet. Sie sind vor Angst bebend auf die Welt gekommen und werden ihr ganzes Leben hindurch weiter zittern. Ist die Welt dadurch viel besser geworden? Auf welcher Seite haben die größten Werktätigen der Welt, Riesen an Arbeit, riesige moralische Kräfte gestanden, bei denen, die einen unpersönlichen Gott begriffen und verehrt haben? Sicherlich auf seiten des Unpersönlichen. Wie kann man erwarten, daß Moralität durch Furcht entwickelt wird? Das ist unmöglich. »Wo einer den andern sieht, wo einer den andern stößt, da ist Maya. Wenn der eine den andern nicht sieht, wenn der eine den andern nicht stößt, wenn jedes Ding zum Atman geworden ist, wer sieht ihn, wer begreift ihn?« Alles ist er und ich zugleich. Die Seele ist rein geworden. Dann, und dann allein verstehen wir, was Liebe ist. Liebe kann nicht durch Furcht entstehen; ihr Untergrund ist Freiheit. Wenn wir wirklich die Welt zu lieben beginnen, dann begreifen wir, was Brüderlichkeit und Menschlichkeit heißt, aber früher nicht.

So ist es also nicht richtig zu sagen, daß die unpersönliche Idee zu einer schrecklichen Anhäufung des Bösen in der Welt führen wird, als ob die andere Lehre sich niemals zu Übeltaten herbeiließe; als ob sie nicht zur Sektiererei führte, die Welt mit Blut überschwemmte und die Menschen veranlaßte, einander in Stücke zu zerreißen. »Mein Gott ist der größte Gott, laß' uns durch Freikampf entscheiden.« Das ist das Ergebnis des Dualismus auf der ganzen Welt. Komm heraus in das helle Tageslicht, komm fort von diesen kleinen, schmalen Pfaden, denn wie kann die unendliche Seele damit zufrieden sein in engen Geleisen zu leben und zu sterben? Komm, heraus in das All des Lichtes. Alles im Universum ist dein eigen, breite deine Arme aus und umfasse es mit Liebe. Wenn du je fühltest, das möchtest du tun, so hast du Gott gefühlt.

Sie entsinnen sich an jene Stelle in der Predigt Buddhas, wie er einen Gedanken der Liebe nach Süden, nach Norden, nach Osten, nach Westen, nach oben und nach unten sandte, bis das ganze Universum mit dieser gewaltigen, großen und unendlichen Liebe erfüllt war. Wenn Sie dies Gefühl haben, so haben Sie wirkliche Persönlichkeit. Das ganze Universum ist eine Person; laß die kleinen Dinge fahren. Gib das Kleine für das Unendliche auf, gib die kleinen Freuden für die ewige Seligkeit. Alles ist dein, denn das Unpersönliche schließt das Persönliche ein. So ist Gott persönlich und zugleich unpersönlich. Und der Mensch, der unendliche, unpersönliche Mensch manifestiert sich selber als Person. Wir, das Unendliche, haben uns selber gleichsam in kleine Stücke begrenzt. Der Vedanta sagt, daß Unendlichkeit unsere wirkliche Natur ist; sie wird nie verschwinden, sie wird für immer bestehen bleiben. Aber wir beschränken uns selbst durch unser Karma, das einer Kette um unsern Halse gleicht und uns in diese Beschränkung hineingezwungen hat. Zerbrich diese Kette und sei frei. Tritt das Gesetz nieder. Es gibt kein Gesetz in der menschlichen Natur, keine Bestimmung, kein Fatum. Wie kann im Unendlichen ein Gesetz sein? Freiheit ist sein Losungswort. Freiheit ist seine Natur, sein Geburtsrecht. Sei frei, und dann habe so viel Persönlichkeiten, wie du magst. Dann werden wir spielen wie der Schauspieler, der auf die Bühne kommt und die Rolle eines Bettlers spielt. Stelle ihm den wirklichen Bettler gegenüber, der in den Straßen einhergeht. Der Schauplatz ist vielleicht in beiden Fällen der gleiche, die Worte sind vielleicht dieselben, und doch was für ein Unterschied! Der eine erfreut sich seines Bettlertums, während der andere darunter leidet. Und was ist die Ursache dieses Unterschiedes? Der eine ist frei und der andere ist gebunden. Der Schauspieler weiß, daß sein Bettlertum nicht wirklich ist, sondern daß er es zum Vergnügen angenommen hat, während der wirkliche Bettler denkt, daß es sein allzu vertrauter Zustand ist und daß er es tragen muß, ob er will oder nicht. Das ist das Gesetz. Solange wir kein Wissen von unserer wahren Natur haben, sind wir Bettler, die durch jede Kraft in der Natur herumgestoßen und zu Sklaven aller Dinge in der Natur gemacht werden; wir rufen über die ganze Welt hin nach Hilfe, aber die Hilfe kommt nie zu uns; wir rufen eingebildete Wesen an, und dennoch kommt sie nicht. Und doch hoffen wir, die Hilfe wird kommen, und so geht mit Weinen, Klagen und Hoffen ein Leben dahin, und dasselbe Spiel geht weiter und weiter.

Sei frei; erhoffe von niemand etwas. Ich bin sicher, wenn Sie auf Ihr Leben zurückblicken, so werden Sie finden, daß Sie immer vergeblich suchten, Hilfe von andern zu erhalten, die niemals kam. Alle Hilfe, die kam, stammte aus Ihrem eigenen Innern. Sie ernteten nur die Früchte dessen, wofür Sie selbst tätig gewesen waren, und doch hofften Sie seltsamerweise allezeit auf Hilfe. Eines reichen Mannes Empfangszimmer ist allzeit voll, aber wenn Sie darauf achten, finden Sie nicht dieselben Leute vor. Die Besucher wiegen sich stets in der Hoffnung, daß sie etwas von diesen reichen Leuten erhalten, aber sie bekommen nichts. So wird unser Leben mit Hoffen, Hoffen und abermals Hoffen hingebracht, das nie zu Ende kommt. Gib die Hoffnung auf, sagt der Vedanta. Warum sollten Sie hoffen? Sie besitzen ja alles, nein, Sie *sind* alles. Auf was hoffen Sie? Wenn ein König verrückt wird und umherläuft, um den König des Landes zu suchen, so wird er ihn nie finden, weil er der König selbst ist. Er kann durch jedes Dorf, jede Stadt in seinem eigenen Lande gehen und in jedem Hause suchen unter Weinen und Klagen, er wird ihn nie finden, weil er selbst der König ist. Es ist besser, wir wissen, daß wir Gott sind, und geben dieses törichte Suchen nach ihm auf; und in der Erkenntnis, daß wir Gott sind, werden wir glücklich und zufrieden. Gib alle diese törichten Versuche auf, und dann spiele deine Rolle im Universum wie ein Schauspieler auf der Bühne.

Die ganze Ansicht ist verwandelt, und statt eines ewigen Gefängnisses ist diese Welt ein Spielplatz geworden; statt eines Landes des Wettringens ist es ein Land der Seligkeit, wo ewiger Frühling herrscht, Blumen blühen und Schmetterlinge umhergaukeln. Diese selbe Welt, die früher eine Hölle war, wird zum Himmel. In den Augen der Gebundenen ist sie ein entsetzlicher Folterplatz, aber in den Augen der Freien ist sie ganz anders. Dies eine Leben ist das Gesamtleben, Himmel und all diese Orte sind wir. Alle Götter sind hier, die Vorbilder des Menschen. Die Götter haben den Menschen nicht nach ihrem Bilde erschaffen, sondern der Mensch erschuf die Götter. Und hier sind die Vorbilder, hier ist Indra, hier ist Varuna und alle die Götter des Universums. Wir haben unsere kleinen Doppelgänger herausprojiziert, und wir sind die Urbilder dieser Götter, wir sind die wirklichen, die einzigen Götter, die verehrt werden müssen. Dies ist die Ansicht des Vedanta, und dies ist seine praktische Seite. Wenn wir frei geworden sind, brauchen wir nicht verrückt zu werden, die Gesellschaft fortzuwerfen und umzustürzen, um im Walde oder in einer Höhle zu sterben; wir werden bleiben, wo wir waren, nur werden wir die ganze Sache verstehen. Die gleichen Erscheinungen werden bleiben, aber sie erhalten einen neuen Sinn. Wir kennen die Welt noch nicht; nur durch die Freiheit sehen wir, was sie ist und verstehen ihre Natur. Dann werden wir sehen, daß das sogenannte Gesetz oder Fatum oder Schicksal nur einen unendlich kleinen Teil unserer Natur einnahm. Es war nur eine Seite, aber auf der andern Seite war allezeit Freiheit; wir wußten dies nicht, und das ist der Grund, weshalb wir versucht haben, uns dadurch vor dem Bösen zu schützen, daß wir unsern Kopf in den Sand steckten, wie der gehetzte Hase. Infolge der Enttäuschung haben wir versucht, unsere Natur zu vergessen, und doch konnten wir es nicht; sie meldete sich allezeit bei uns, und all unser Suchen nach Gott oder den Göttern oder nach äußerer Freiheit, war ein Suchen nach unserer wirklichen Natur. Wir mißverstanden die Stimme. Wir dachten, sie käme vom Feuer oder von einem Gott oder von der Sonne, dem Monde oder den Sternen, aber zuletzt haben wir herausgefunden, daß sie in uns selber war. In uns selbst ist diese ewige Stimme, die von ewiger Freiheit spricht; ihre Musik klingt ewig fort. Ein Teil dieser Musik der Seele ist zur Erde geworden, zum Gesetz, zu diesem Universum, aber sie gehörte immer zu uns und wird es stets bleiben. Mit einem Wort, das Ideal des Vedanta ist, den Menschen zu kennen, wie er wirklich ist, und das ist seine Botschaft, daß, wenn Du nicht Deinen Brudermenschen, den manifestierten Gott verehren kannst, wie könntest Du einen Gott verehren, der unmanifestiert ist?

Erinnern Sie sich nicht, was die Bibel sagt: »Wenn du deinen Bruder nicht lieben kannst, den du gesehen hast, wie kannst du Gott lieben, den du nicht gesehen hast?« Wenn du Gott nicht im menschlichen Antlitz sehen kannst, wie kannst du ihn in den Wolken, oder in Bildern aus tauber, toter Materie oder in völlig erdichteten Ausgeburten deines Hirnes sehen? Ich werde dich religiös nennen von dem Tage an, wo du beginnst, Gott in Männern und Frauen zu erblicken, und dann wirst du begreifen, was es bedeutet, dem Menschen, der deine rechte Wange schlägt, die linke zu reichen. Wenn du den Menschen als Gott siehst, wird dir jedes Ding willkommen sein, selbst der Tiger. Was dir auch begegnet, ist nur der Herr, der Ewige, der heilige Eine, der uns in verschiedenen Formen erscheint als unser Vater und Mutter, als Freund und Kind; sie sind unsere eigene Seele, die mit uns spielt. Wie unsere menschlichen Verwandtschaften auf diese Weise göttlich werden können, so kann unsere Verwandtschaft mit Gott einige von diesen Formen annehmen, und wir können ihn betrachten als unsern Vater, Mutter, Freund oder Geliebten. Gott Mutter zu nennen, ist ein höheres Ideal als ihn Vater zu nennen, und ihn Freund zu nennen, ist noch höher, doch das höchste ist, ihn als Geliebten zu betrachten. Die höchste Spitze von allem ist, zwischen Liebendem und Geliebtem keinen Unterschied zu sehen. Sie erinnern sich vielleicht der alten persischen Erzählung, wie ein Liebhaber kam und an die Türe der Geliebten pochte. »Wer bist du?« kam die Frage. Er erwiderte: »Ich bin es!« und es ertönte keine Antwort. Ein zweites Mal kam er und rief aus: »Ich bin hier!« Aber die Türe ward nicht geöffnet. Er kam zum dritten Male, und die Stimme von innen fragte: »Wer ist da?« Er erwiderte: »Ich bin dein Selbst, meine Geliebte«, – und da öffnete sich die Türe.

So ist das Verhältnis zwischen Gott und uns. Er ist in jedem Ding, er ist jedes Ding. Jeder Mann, jedes Weib ist der greifbare, lebendige Gott. Wer sagt, Gott sei unbekannt? Wer sagt, man muß nach ihm suchen? Wir haben Gott ewig gefunden. Wir haben ewig in ihm gelebt. Überall ist er ewig bekannt, ewig verehrt.

Dann taucht eine andere Vorstellung auf, daß nämlich andere Formen der Verehrung keine Irrtümer seien. Dies ist einer der großen Gesichtspunkte, an die man sich erinnern muß, daß diejenigen, die Gott durch Zeremonien und Formen verehren, so roh wir sie uns auch vorstellen mögen, sich nicht im Irrtum befinden. Es ist der Weg von der Wahrheit zur Wahrheit, von der niedrigeren Wahrheit zur höheren Wahrheit. Dunkelheit ist weniger Licht; Übel ist weniger Gutes; Unreinheit ist weniger Reinheit. Es muß dem Geist immer eingeboren sein, daß wir andere mit dem Auge der Liebe, mit Sympathie anschauen sollten, in dem Bewußtsein, daß sie denselben Pfad entlang gehen, den wir betreten haben. Wenn Sie frei sind, so müssen Sie wissen, daß alle es früher oder später sein werden, und, wenn Sie frei sind, wie können Sie das Undauerhafte erblicken? Wenn Sie wirklich rein sind, wie können Sie das Unreine erblicken? Denn was innen ist, ist außen! Wir können die Unreinheit nicht sehen, ohne sie in uns selbst zu haben. Dies ist eine von den praktischen Seiten des Vedanta, und ich hoffe, daß wir alle versuchen werden, sie in unser Leben zu tragen. Unser ganzes Leben hier besteht darin, dies in die

Praxis zu überführen, aber der eine große Gewinn besteht darin, daß wir mit Genugtuung und Zufriedenheit, statt mit Mißvergnügen und Ungenügen arbeiten werden, denn wir wissen, daß die Wahrheit in uns ist, daß wir sie als unser Geburtsrecht empfangen haben, und wir brauchen sie nur zu offenbaren und fühlbar zu machen.

Praktischer Vedanta,
III. Teil

In der Chandogya Upanishad lesen wir, daß ein Weiser mit Namen Narada zu einem anderen mit Namen Sanatkumara kam und verschiedene Fragen an ihn richtete, von denen eine lautete: Ob Religion die Ursache der Dinge sei, wie sie sind? Und Sanatkumara führt ihn gleichsam Schritt für Schritt, indem er ihm sagt, daß es etwas Höheres gibt als diese Erde, und etwas Höheres als dies usw., bis er zum Akasa, dem Äther, kommt. Äther ist höher als Licht, weil im Äther Sonne und Mond, das Leuchtende und die Sterne sind; im Äther leben wir und im Äther sterben wir. Dann erhebt sich die Frage, ob es etwas Höheres gibt als das, und Sanatkumara erzählt ihm vom Prana. Dieser Prana ist dem Vedanta zufolge das Prinzip des Lebens. Er ist gleich dem Äther ein allgegenwärtiges Prinzip; und alle Bewegung, ob im Körper oder sonstwo, ist das Werk dieses Prana. Er ist größer als Akasa, und durch ihn lebt jedes Ding. Prana ist in der Mutter, im Vater, in der Schwester, im Lehrer, Prana ist der Wissende.

Ich will eine andere Stelle behandeln, wo Shvetaketu seinen Vater über die Wahrheit befragt, der Vater ihn verschiedene Dinge lehrt und mit den Worten schließt: »Aus dem, was die feine Ursache in all diesen Dingen ist, sind alle diese Dinge gemacht. Das ist das All, das ist Wahrheit, du bist es, o Shvetaketu.« Und dann gibt es verschiedene Beispiele. »Wie eine Biene, o Shvetaketu, den Honig von verschiedenen Blumen sammelt, und wie die verschiedenen Honigsorten nicht wissen, daß sie von verschiedenen Bäumen und verschiedenen Blumen stammen, so wissen wir alle, die zu dieser Existenz gekommen sind, nicht, wie wir es gemacht haben. Nun hat alles, was existiert, in dem, was diese feine Existenz ist, sein Selbst. Das ist das Wahre. Es ist das Selbst, und du, o Shvetaketu, bist es.« Es gibt ein anderes Beispiel von den Flüssen, die in den Ozean hinunterströmen. »Wie die Flüsse, wenn sie im Ozean sind, nicht wissen, daß sie verschiedene Flüsse gewesen sind, so wissen wir, wenn wir aus dieser Existenz heraustreten, nicht, daß wir dies sind. O Shvetaketu, du bist das!« So fährt er fort mit seinen Lehren.

Hier liegen nun zwei Prinzipien des Erkennens vor. Das eine Prinzip ist, daß wir erkennen können, indem wir das Besondere auf das Allgemeine beziehen, und das Allgemeine auf das Universale (Ganze), und das zweite ist, daß irgend etwas, dessen Erklärung gesucht wird, soweit als möglich durch seine eigene Natur erklärt werden muß. Beschäftigen wir uns mit dem ersten Prinzip, so sehen wir, daß alle unsere Erkenntnis in Wirklichkeit aus Klassifikationen besteht, indem man höher und höher steigt. Wenn irgend etwas vereinzelt geschieht, so sind wir gleichsam unbefriedigt. Wenn gezeigt werden kann, daß dieselbe Sache wieder und wieder eintritt, so sind wir befriedigt und nennen es Gesetz. Wenn wir finden, daß ein Apfel fällt, so sind wir unbefriedigt; aber wenn wir finden, daß alle Äpfel fallen, nennen wir es das Gesetz der Gravitation und sind befriedigt. Die Tatsache besteht darin, daß wir aus dem Einzelnen das Allgemeine ableiten.

Wenn wir die Religion studieren wollen, so sollten wir diese wissenschaftliche Methode anwenden. Dasselbe Prinzip bewährt sich auch hier; und als Tatsache finden wir, daß dies überall die Methode gewesen ist. Bei der Lektüre dieser Bücher, aus denen ich Ihnen Übersetzungen gegeben habe, ist die früheste Vorstellung, auf die ich treffen kann, dies Prinzip, vom Einzelnen zum Allgemeinen fortzuschreiten. Wir sehen, wie die »Erleuchteten« sich mit *einem* Prinzip befaßten; und ebenso finden wir in den Ideen vom Kosmos die alten Denker höher und höher steigen, – von den feinen Elementen gehen sie zu feineren und umfassenderen Elementen über, und von diesen Einzelheiten kommen sie zu dem einen allgegenwärtigen Äther; von hier aus nun gehen sie zu einer allumfassenden Kraft, dem

Prana; und durch alles dies geht das Prinzip hindurch,
daß das eine nicht von dem anderen getrennt ist. Es ist
der nämliche Äther, der in der höheren Form des Prana
existiert, oder die höhere Form des Prana wird sozusagen konkreter und wird zum Äther, und dieser Äther
wird noch gröber usw.

Die Verallgemeinerung des persönlichen Gottes ist ein
anderer hierher gehöriger Fall. Wir haben gesehen, wie
man zu dieser Verallgemeinerung gelangt, und dies
wurde das Gesamtergebnis alles Bewußtseins genannt. Aber eine Schwierigkeit erhob sich; es ist eine
unvollständige Verallgemeinerung. Wir befassen uns
nur mit einer Seite der Naturtatsachen, mit der Tatsache des Bewußtseins, und hieraus verallgemeinern
wir, aber die andere Seite wird ausgelassen. So ist dies
in erster Linie eine mangelhafte Verallgemeinerung.
Noch ein anderer Mangel macht sich bemerkbar, und
dieser bezieht sich auf das zweite Prinzip. Jedes Ding
sollte aus seiner eigenen Natur erklärt werden. Es mag
Leute gegeben haben, die dachten, daß jeder Apfel,
der zu Boden fällt, von einem Geiste heruntergezogen
wurde, aber die Erklärung ist das Gesetz der Gravitation; und obgleich wir wissen, daß es keine vollkommene Erklärung ist, ist sie doch viel besser als die
andere, weil sie aus der Natur des Dinges selber abge-
leitet ist, während die andere eine auswärtige (hetero-
gene) Ursache annimmt. So ist es durch den ganzen
Bereich unserer Erkenntnis hindurch; die Erklärung,
die auf der Natur des Dinges selber aufgebaut ist, ist

eine wissenschaftliche Erklärung, und eine Erklärung, die ein außerhalb gelegenes Agens einführt, ist unwissenschaftlich.

So muß also die Erklärung eines persönlichen Gottes als Schöpfer des Universums diese Probe bestehen. Wenn dieser Gott außerhalb der Natur ist, nichts mit der Natur zu tun hat, und diese Natur ist das Ergebnis einer Anordnung dieses Gottes und aus nichts geschaffen, so ist das eine sehr unwissenschaftliche Theorie, und dies ist durch alle Zeiten hindurch der schwache Punkt jeder theistischen Religion gewesen. In dem, was gemeinhin die Theorie des Monotheismus genannt wird, finden wir diese beiden Mängel: 1. die Theorie eines persönlichen Gottes, mit all den vielfältig gesteigerten Eigenschaften eines menschlichen Wesens, 2. der durch seinen Willen dies Universum aus dem Nichts erschuf und doch von ihm getrennt ist. Dies bringt uns in eine doppelte Schwierigkeit.

Wie wir gesehen haben, ist es keine vollständige Verallgemeinerung, und zweitens ist es keine Erklärung der Natur aus der Natur. Sie behauptet, daß die Wirkung nicht die Ursache ist, daß die Ursache völlig von der Wirkung getrennt ist. Und doch zeigt alle menschliche Erkenntnis, daß die Wirkung nur die Ursache in anderer Form ist. Dieser Vorstellung neigen sich die Forschungen der modernen Wissenschaft tagtäglich mehr zu, und die letzte Theorie, die auf allen Seiten angenommen worden ist, ist die Entwicklungstheorie, deren Prinzip ist, daß die Wirkung nur die Ursache in anderer Form ist, eine Wiederherstellung der Ursache, und die Ursache die Form der Wirkung annimmt. Die Theorie der Schöpfung aus dem Nichts wird von den modernen Wissenschaftlern verlacht.

Kann nun die Religion diese Proben aushalten? Wenn es irgendwelche religiösen Theorien gibt, die diese beiden Proben bestehen können, so werden sie für den modernen Geist, den denkenden Geist, annehmbar sein. Irgendwelche andere Theorie, an die zu glauben wir von dem modernen Menschen fordern, auf die Autorität von Priestern, Kirchen, Büchern hin, vermag es nicht anzunehmen, und das Ergebnis davon ist eine entsetzliche Häufung des Unglaubens. Gerade bei denen, die eine äußerliche Schaustellung des Glaubens an den Tag legen, finden wir im Herzen eine entsetzliche Fülle Unglauben. Die übrigen ziehen sich gleichsam von der Religion zurück, sie geben sie auf und sehen in ihr nur einen Pfaffentrug.

Religion ist zu einer Art nationaler Formgebung herabgemindert worden. Sie ist eine von unseren besten sozialen Überresten; lassen wir sie bestehen. Aber die reale Notwendigkeit, die der Großvater des modernen Menschen für sie empfand, ist dahingeschwunden; er findet, daß sie weiterhin seiner Vernunft kein Genüge mehr leistet. Die Vorstellung eines solchen persönlichen Gottes und einer derartigen Schöpfung kann sich nicht länger behaupten. In Indien konnte sie sich wegen der Buddhisten nicht halten, und gerade dies war der Punkt, wo sie in alten Zeiten ihren Sieg gewan-

nen. Sie zeigten, daß, wenn wir zugeben, die Natur
von unendlicher Kraft durchwaltet wird und daß die
Natur alle ihre Bedürfnisse erfüllen kann, es dann einfach unnötig ist darauf zu bestehen, daß es etwas außer
der Natur gibt. Sogar die Seele ist unnötig.
Die Streitfrage hinsichtlich der Substanz und der Qualitäten ist sehr alt, und Sie werden bisweilen finden,
daß der alte Aberglauben selbst heute noch lebendig
ist. Die meisten von Ihnen haben gelesen, wie im Mit-
telalter und – ich bedaure es aussprechen zu müssen –
sogar viel später, dies einer der Gegenstände der Erörterung war, ob die Qualitäten der Substanz anhängen
(inhärieren), ob Länge, Breite und Dicke zu der Substanz gehören, die wir tote Materie nennen, indem die
Substanz bestehen bleibt, einerlei, ob die Qualitäten
vorhanden sind oder nicht. Hierzu sagt unser Buddhist: »Sie haben keinen Grund, die Existenz einer solchen Substanz aufrechtzuerhalten; die Qualitäten sind
alles, was existiert; Sie sehen nichts außer diesen.«
Eben dies ist die Stellungnahme der meisten unserer
modernen Agnostiker. Es ist der nämliche Streit zwischen der Substanz und den Qualitäten, der auf einem
höheren Gebiet die Form des Kampfes zwischen dem
Noumenon (Ding an sich) und dem Phänomenon (Erscheinung) annimmt. Es gibt eine phänomenale Welt,
das Universum der dauernden Veränderung, und es
gibt etwas dahinter, das sich nicht verändert, und
diesen Dualismus der Existenz, das Noumenon und
das Phänomenon, halten die einen für wirklich,

während die anderen mit größerem Rechte darauf verweisen, daß man kein Recht hat, zwei Gegebenheiten zuzulassen, denn was wir sehen, fühlen und denken ist nur das Phänomenon. Man hat kein Recht zu behaupten, daß etwas jenseits der Erscheinung existiert; und es gibt keine Antwort darauf. Die einzige Antwort, die wir erhalten, stammt aus der monistischen Theorie des Vedanta. Es ist wahr, daß nur eines existiert, und dies ist weder ein Phänomenon noch ein Noumenon. Es ist nicht wahr, daß es zweierlei gibt, etwas, das sich verändert, und (in und durch dies) etwas, das sich nicht verändert, sondern es ist ein und dasselbe Ding, das als veränderlich erscheint und das in Wirklichkeit unveränderlich ist. Wir haben uns Körper, Geist und Seele als mannigfach gedacht, in Wirklichkeit aber sind sie nur eines; und dies Eine erscheint in all diesen verschiedenen Formen. Nehmen Sie das wohlbekannte Bild der Monisten, das Seil, das als Schlange erscheint. Einige Leute nehmen in der Dunkelheit oder aus irgendeiner anderen Ursache irrtümlich das Seil für eine Schlange, aber wenn sie zur Erkenntnis kommen, verschwindet die Schlange und man findet, daß sie ein Seil war. Durch dieses Bild sehen wir, daß, wenn die Schlange im Geiste existiert, das Seil verschwunden ist, und wenn das Seil existiert, dann ist die Schlange fort. Wenn wir das Phänomenon und nichts als das Phänomenon um uns erblicken, ist das Noumenon verschwunden, aber wenn wir das Noumenon erblicken, das Unwandelbare, so folgt daraus natürlich, daß das Phänomenon verschwunden ist. Wir verstehen die Stellung beider jetzt besser, die des Realisten und die des Idealisten. Der Realist sieht nur das Phänomenon, und der Idealist schaut auf das Noumenon. Denn der Idealist, der echte, unverfälschte Idealist, der wirklich zur Kraft der Wahrnehmung vorgedrungen ist, wodurch er alle Vorstellungen von Veränderung beiseite lassen kann, – für ihn ist das wechselvolle Universum verschwunden, und er hat das Recht zu sagen, daß alles Täuschung ist, daß es keine Veränderung gibt. In der gleichen Zeit schaut der Realist auf das Wandelbare. Für ihn ist das Unveränderliche verschwunden, und er hat ein Recht zu sagen, daß alles real ist.

Welches ist das Ergebnis dieser Philosophie? Das Ergebnis ist, daß die Vorstellung eines persönlichen Gottes nicht ausreichend ist. Wir müssen zu etwas Höherem fortschreiten, zu der unpersönlichen Vorstellung. Das ist der einzige logische Schritt, den wir machen müssen. Nicht als ob die persönliche Vorstellung hierdurch vernichtet würde, nicht, daß wir den Beweis lieferten, daß der persönliche Gott noch existiert, aber wir müssen zum Unpersönlichen fortschreiten als der Erklärung des Persönlichen, denn das Unpersönliche ist eine viel höhere Verallgemeinerung als das Persönliche. Das Unpersönliche allein kann unendlich sein, das Persönliche ist begrenzt. Auf diese Weise bewahren wir das Persönliche und zerstören es nicht. Oft überfällt uns der Zweifel, daß, wenn wir zu der Vorstellung des unpersönlichen Gottes gelangen, dann der persönliche vernichtet sein wird, daß, wenn wir zu der Vorstellung des unpersönlichen Menschen gelangen, der persönliche verloren sein wird. Aber die Vorstellung des Vedanta ist nicht die Zerstörung des Individuums, sondern seine tatsächliche Bewahrung. Wir können das Individuum nicht durch andere Mittel erproben, als dadurch, daß wir es auf das Universale beziehen, als dadurch, daß wir beweisen, daß das Individuum in Wirklichkeit das Universale ist. Wenn wir das Individuum als getrennt von jedem sonstigen Ding im Universum denken, so kann es nicht eine Minute bestehen. Solch ein Ding hat nie existiert.

Durch die Anwendung des zweiten Prinzipes, daß die Erklärung jedes Dinges aus der Natur des Dinges selber erfolgen muß, werden wir – an zweiter Stelle – zu einer noch kühneren Idee geführt, einer Idee, die schwieriger zu verstehen ist. Sie betrifft nichts Geringeres, als daß das unpersönliche Wesen, unsere höchste Verallgemeinerung in uns selbst ist und wir dies sind. »O Shvetaketu, du bist das.« Du bist dies unpersönliche Wesen; dieser Gott, nach dem du durch das ganze Universum hin gesucht hast, ist allzeit dein Selbst, – dein Selbst, nicht im persönlichen Sinne, sondern im unpersönlichen. Der Mensch, wie wir ihn jetzt kennen, der manifestierte Mensch ist personalisiert, aber seine Wirklichkeit ist das Unpersönliche. Um das Persönliche zu verstehen, müssen wir es auf das Unpersönliche beziehen, das Besondere muß auf das Allgemeine bezogen werden, und dies Unpersönliche ist die Wahrheit, das Selbst des Menschen.

In Verbindung mit dieser Frage treten verschiedene andere Fragen auf, und ich werde versuchen, im weiteren Verlauf darauf zu antworten. Es erheben sich mancherlei Schwierigkeiten, aber zuvorderst wollen wir die Stellungnahme des Monismus klar verstehen. Als manifestierte Wesen scheinen wir getrennt zu sein, aber unsere Realität ist eine, und je weniger wir uns von diesem Einen getrennt denken, desto besser ist es für uns. Je mehr wir uns von dem Ganzen getrennt denken, um so unglücklicher werden wir. Von diesem monistischen Prinzip aus gelangen wir zur Grundlage der Ethik, und ich wage zu behaupten, daß wir von anderswoher zu keinerlei Ethik gelangen können. Wir wissen, daß die älteste Vorstellung der Ethik der Wille eines einzelnen oder mehrerer einzelner Wesen war, aber wenige sind bereit, dies jetzt anzunehmen, weil es nur eine partielle Verallgemeinerung sein würde. Die Hindus sagen, wir dürfen dieses oder jenes nicht tun, weil die Vedas so sagen, aber der Christ wird der Autorität der Vedas nicht gehorchen. Der Christ sagt, man muß dies tun und jenes nicht, weil die Bibel so sagt. Das wird für die nicht verbindlich sein, die nicht an die Bibel glauben. Aber wir müssen eine Theorie haben, die weit genug ist, um alle diese verschiedenen Grundsätze in sich aufzunehmen. Gerade wie es Millionen von Menschen gibt, die bereit sind, an einen persönlichen Gott zu glauben, so hat es auch tausende

der erleuchtetsten Geister in dieser Welt gegeben, die
fühlten, daß solche Vorstellungen für sie nicht ausreichend waren und die etwas Höheres wünschten, und
überall, wo die Religion nicht weit genug war, um alle
diese Geister in sich aufzunehmen, war das Ergebnis
dies, daß die höchsten Geister in der Gesellschaft
außerhalb der Religion standen; und dies ist noch nie
so stark bemerkt worden wie in der gegenwärtigen
Zeit, besonders in Europa.

Deshalb muß die Religion, um diese Geister einzu-
schließen, umfassend genug werden. Dies erfordert,
daß jedes Ding vom Standpunkt der Vernunft aus
beurteilt wird. Niemand weiß, warum die Religionen
den Anspruch erheben sollten, daß sie nicht verpflichtet sind, sich dem Standpunkte der Vernunft unterzu-
ordnen. Wenn jemand den Maßstab der Vernunft nicht
anerkennt, da kann es kein wirkliches Urteil geben,
gerade im Falle der Religionen. Eine Religion kann
etwas ganz Fürchterliches vorschreiben. Zum Beispiel
erlaubt die mohammedanische Religion den Mohammedanern alle zu töten, die nicht ihrer Religion ange-
hören. Im Koran ist es klar ausgesprochen: Töte die
Ungläubigen, wenn sie nicht Mohammedaner werden.
Sie müssen mit Feuer und Schwert umgebracht werden. Wenn wir nun zu einem Mohammedaner sagen,
daß dies schlecht ist, so wird er natürlich fragen:
»Woher weißt Du das? Woher weißt Du, daß das nicht
gut ist? Mein Buch sagt, es ist gut.« Wenn Du sagst,
Dein Buch ist älter, so wird der Buddhist kommen und

sagen, mein Buch ist noch viel älter. Dann wird der Hindu kommen und sagen, meine Bücher sind die ältesten von allen. Deshalb genügt es nicht, sich auf Bücher zu beziehen. Wo ist der Maßstab, mit dem man vergleichen kann? Sie werden sagen, betrachte die Bergpredigt, und der Mohammedaner wird antworten, schau auf die Ethik des Koran. Der Mohammedaner wird sagen, wer ist der Schiedsrichter dafür, was von beiden das Bessere ist? Weder das Neue Testament noch der Koran kann in einem Streite zwischen diesen Schiedsrichter sein. Es muß eine unabhängige Autorität vorhanden sein, und das kann kein Buch sein, sondern muß etwas Universales sein; und was ist universaler als die Vernunft? Man hat gesagt, daß die Vernunft nicht stark genug sei; sie hilft uns nicht immer die Wahrheit zu erreichen; oftmals verfällt sie in Irrtümer, und deshalb lautet die Schlußfolgerung, daß wir an die Autorität einer Kirche glauben müssen! So sagte mir ein römischer Katholik, aber ich konnte die Logik davon nicht einsehen. Auf der anderen Seite, würde ich sagen, wenn die Vernunft so schwach ist, wird eine Körperschaft von Priestern noch schwächer sein, und ich werde ihren Urteilsspruch nicht annehmen, sondern will mich meiner Vernunft unterwerfen, weil bei aller ihrer Schwäche doch irgendwelche Möglichkeit vorhanden ist, daß ich durch sie zur Wahrheit gelange; während auf einem anderen Wege überhaupt keinerlei solche Hoffnung besteht.

Wir sollten daher der Vernunft folgen und mit denen

sympathisieren, die, weil sie der Vernunft folgen, überhaupt zu keinerlei Art Religion gelangen. Denn es ist besser, daß der Mensch, weil er der Vernunft Folge leistet, Atheist wird, als daß er auf die Autorität von irgend jemand hin blindlings an zweihundert Millionen Götter glaubt. Was wir wünschen ist Fortschritt, Entwicklung, Verwirklichung. Niemals brachten Theorien die Menschen höher. Kein Berg von Büchern kann uns helfen, reiner zu werden. Die einzige Kraft liegt in der Verwirklichung, und die liegt in uns selber und entstammt dem Denken. Laß die Menschen denken. Ein Erdklumpen denkt nie; aber er bleibt auch ein Stück Erde. Der Ruhm des Menschen besteht darin, daß er ein denkendes Wesen ist. Es ist die Natur des Menschen zu denken, und hierdurch unterscheidet er sich von den Tieren. Ich glaube an die Vernunft und folge der Vernunft, da ich genug von den Schäden der Autorität gesehen habe, bin ich doch in einem Lande geboren, wo man bis zu dem Extrem der Autorität fortgeschritten ist.

Die Hindus glauben, daß die Schöpfung durch die Vedas entstanden ist. Woher wissen sie, daß es Kühe gibt? Weil das Wort Kuh in den Vedas vorkommt. Woher wissen Sie, daß da draußen ein Mensch ist? Weil das Wort Mensch da ist. Wenn es nicht da gewesen wäre, so würde kein Mensch draußen vorhanden sein. Das ist ihre Meinung. Die übertriebenste Autorität von der Welt! Und das ist nichts Ausstudiertes, wie ich es studiert habe, sondern einige der kraftvollsten

Geister haben es aufgegriffen und es zu wundervollen logischen Theorien ausgesponnen. Sie haben es durchgedacht, und es steht nunmehr als ein ganzes System der Philosophie da, und tausende der erleuchtetsten Geister haben sich Tausende Jahre hindurch der Ausarbeitung dieser Theorie gewidmet. So groß ist die Macht der Autorität gewesen, und groß sind auch ihre Gefahren. Sie hemmt die Entwicklung der Menschheit, und wir dürfen nicht vergessen, daß wir wachsen wollen. Sogar bei aller relativen Wahrheit wünschen wir mehr als die Wahrheit selber den Gebrauch des Verstandes. Das ist unser Leben.

Die monistische Theorie hat das Verdienst, daß sie die rationalste aller religiösen Theorien ist, die wir erdenken können. Jede andere Theorie, jeder Gottesbegriff, der partiell, klein und persönlich ist, ist nicht rational. Und weiter hat der Monismus diese Größe, daß er alle die partiellen Konzeptionen von Gott umfaßt, wie sie für manche nötig sind. Manche Leute sagen, daß diese persönliche Erklärung irrational ist. Aber sie ist köstlich; sie wünschen eine tröstende Religion, und wir begreifen, daß das für sie nötig ist. Sehr wenige können in diesem Leben das klarste Licht der Wahrheit ertragen, noch wenigere können danach leben. Es ist daher notwendig, daß diese bequeme Religion existiert; sie verhilft vielen Seelen zu einer besseren. Enge Geister, deren Fassungsvermögen recht beschränkt ist und die kleine Dinge verlangen, um sie zu erbauen, wagen es nie, sich zu hohen Gedanken aufzuschwingen. Ihre

Begriffe sind sehr gut und nützlich für sie, selbst wenn sie nur um geringe Götter und Symbole sich drehen. Sie aber müssen das Unpersönliche begreifen, denn in und durch dies allein können diese anderen erklärt werden. Nehmen Sie zum Beispiel die Vorstellung eines persönlichen Gottes. Ein Mensch, der das Unpersönliche begreift und daran glaubt, etwa John Stuart Mill (der englische Philosoph, † 1873), mag sagen, daß ein persönlicher Gott unmöglich ist und nicht bewiesen werden kann. Ich stimme ihm bei, daß ein persönlicher Gott nicht demonstriert werden kann. Aber er ist die höchste Erkenntnis des Unpersönlichen, die durch den menschlichen Intellekt gewonnen werden kann, und was ist das Universum sonst als verschiedene Lesarten des Absoluten? Es ist wie ein Buch vor unsern Augen, und jeder hat seinen Intellekt, um es zu lesen, und jeder muß es für sich lesen. Es gibt etwas, das dem Intellekt aller Menschen gemeinsam ist, daher erscheinen gewisse Dinge für den Intellekt der Menschen als das gleiche. Daß Sie und ich einen Stuhl sehen, beweist, daß es hier für unsere Geister etwas Gemeinsames gibt. Nehmen Sie an, es kommt ein Wesen mit einem anderen Sinne hinzu; es wird überhaupt keinen Stuhl sehen, aber alle Wesen, die eine ähnliche Konstitution aufweisen, werden dieselben Dinge sehen. So ist dies Universum selbst das Absolute, das Unveränderliche, das Noumenon und das Phänomenon konstituiert dessen Erkenntnis. Denn Sie werden zunächst finden, daß alle Phänomena begrenzt sind. Jedes Phänomenon, das wir sehen, fühlen oder denken können, ist begrenzt, beschränkt durch unseren Verstand, und der persönliche Gott, wie wir ihn erfassen, ist in der Tat ein Phänomenon. Die eigentliche Vorstellung der Kausalität existiert nur in der phänomenalen Welt, und Gott als die Ursache dieses Universums muß natürlich als begrenzt gedacht werden, und doch ist er der gleiche unpersönliche Gott. Das Universum ist, wie wir gesehen haben, dasselbe unpersönliche Wesen, das wir durch unsern Intellekt erkannt haben. Was im Universum an Realität ist, das ist dieses unpersönliche Wesen, und die Formen und Begriffe sind ihm durch unsern Intellekt verliehen worden. Was an diesem Tische wirklich ist, ist dies Wesen, und die Tischform und alle anderen Formen sind durch unsern Intellekt gegeben.

Nun kann zum Beispiel Bewegung, die eine notwendige Verknüpfung des Phänomenalen ist, nicht vom Universalen ausgesagt werden. Jedes kleine Stück, jedes Atom innerhalb des Universums, ist in einem dauernden Zustande der Veränderung und Bewegung, aber das Universale als ein Ganzes ist unveränderlich, weil Bewegung oder Veränderung eine relative Sache ist; wir können uns etwas Bewegtes nur so denken, daß wir es mit etwas, das sich nicht bewegt, vergleichen. Zweierlei muß vorhanden sein, um die Bewegung zu verstehen. Die ganze Masse des Universums, als Einheit genommen, kann sich nicht bewegen. In bezug auf was soll es sich bewegen? Man kann nicht sagen, daß es sich verändert. In Hinsicht auf was soll es sich verändern? So ist das Ganze das Absolute; aber innerhalb seiner ist jedes Teilchen in einem Dauerzustand des Fließens und der Veränderung. Es ist unveränderlich und veränderlich zugleich, unpersönlich und persönlich in einem. Das ist unsere Konzeption des Universums, der Bewegung und Gottes, und das ist es, was unter dem »Du bist das« zu verstehen ist. So sehen wir denn, daß das Unpersönliche anstatt das Persönliche aufzuheben, daß das Absolute anstatt das Relative zu zerstören, es vielmehr zur vollen Genugtuung unserer Vernunft und unseres Herzens erklärt. Der persönliche Gott und alles, was im Universum existiert, ist das nämliche unpersönliche Wesen, das wir durch unseren Geist erblicken. Wenn wir unseres Geistes ledig geworden sind, wenn wir unsere kleinen Persönlichkeiten verloren haben, werden wir eins mit ihm werden. Das ist es, was unter dem: »Du bist das« gemeint ist. Denn wir müssen unsere wahre Natur, das Absolute erkennen.

Der endliche, manifestierte Mensch vergißt seinen Ursprung und denkt sich selbst als völlig abgetrennt. Wir, als personalisierte, differenzierte Wesen vergessen unsere Realität, und die Lehre des Monismus ist nicht, daß wir diese Differenzierungen aufgeben sollen, sondern, daß wir lernen müssen, zu begreifen, worin sie bestehen. Wir sind in Wahrheit dies unendliche Wesen, und unsere Persönlichkeiten stellen ebensoviele Kanäle dar, durch welche diese unendliche

Realität sich selber manifestiert; die ganze Menge der Veränderungen, die wir Entwicklung nennen, ist durch die Seele zustande gebracht, die versucht, mehr und mehr von ihrer unendlichen Energie zu offenbaren. Auf dieser Seite des Unendlichen können wir nicht irgendwo halt machen; unsere Kraft, Seligkeit und Weisheit muß in die Unendlichkeit hineinwachsen. Unendliche Kraft, Existenz und Seligkeit sind unser, wir brauchen sie nicht erst zu erwerben; sie sind unser Eigentum, und wir brauchen sie nur zu manifestieren.

Das ist die zentrale Idee des Monismus, und eben dies ist so schwer zu begreifen. Von den Tagen meiner Kindheit an lehrte mich jedes in meiner Umgebung Schwäche, seit ich geboren bin, sagte man mir immer, daß ich ein schwaches Wesen sei. Es ist jetzt sehr schwer für mich, meine eigene Stärke zu realisieren, doch durch Zergliederung und Vernunft gewinne ich die Erkenntnis meiner Stärke und realisiere sie. Alles Wissen, das wir auf dieser Welt haben, – woher stammt es? Es war in uns. Welches Wissen ist da draußen? Keines. Die Erkenntnis war nicht in der Materie; sie war allezeit im Menschen. Nie hat jemand die Erkenntnis geschaffen; der Mensch trägt sie in sich. Hier ruht sie. Das Ganze dieses starken Feigenbaumes, der einen ganzen Morgen Landes bedeckt, war in dem kleinen Keim, der vielleicht nicht größer war als das Achtel eines Senfkornes; die ganze Menge der Energie war hierin beschlossen. Der riesenhafte Intellekt liegt, wie wir wissen, in der Protoplasmazelle aufgespeichert, warum sollte es die unendliche Energie nicht sein? Wir wissen, daß es sich so verhält. Es kann als ein Paradoxon erscheinen, und doch ist es wahr. Jedes von uns ist aus einer Protoplasmazelle entstanden, und alle Kräfte, die wir besitzen, waren hier aufgespeichert. Man kann nicht sagen, daß sie der Nahrung entstammen; denn wenn Sie Berge von Nahrung aufhäufen, welche Kraft entsteht daraus? Die Energie war da, allerdings in potentieller Form, aber sie war da. So liegt in der Seele des Menschen eine unendliche Kraft, ob er es weiß oder nicht. Ihre Manifestierung hängt bloß davon ab, daß man sich dessen bewußt ist. Langsam erwacht dieser gleichsam unendliche Riese, wird sich seiner Kraft bewußt und rüttelt sich auf; und mit dem Anwachsen seines Bewußtseins zerbrechen seine Bande mehr und mehr, die Ketten bersten auseinander, und sicher kommt der Tag, wo der Riese im vollen Bewußtsein seiner unendlichen Kraft und Weisheit sich auf die Füße stellt und aufrecht dasteht. Lassen Sie uns alle mithelfen, diese glorreiche Vollendung zu beschleunigen.

Praktischer Vedanta,
IV. Teil

Wir haben uns bisher mehr mit dem Universalen befaßt. Heute werde ich Ihnen die Vorstellungen des Vedanta über das Verhältnis des Besonderen zum Universalen vorführen. Wie wir gesehen haben, gab es in der dualistischen Form der vedischen Lehren, in den früheren Formen, eine klar definierte, besondere und begrenzte Seele für jedes Wesen. Es hat eine große Anzahl von Theorien über diese besondere Seele in jedem Individuum gegeben, aber die hauptsächliche Erörterung wurde zwischen den alten Vedantisten und den alten Buddhisten gepflogen, von welchen die ersteren glaubten, daß die individuelle Seele in sich selber vollständig sei, während die letzteren die Existenz einer solchen individuellen Seele in toto ableugneten. Wie ich Ihnen das letzte Mal berichtet habe, handelt es sich ungefähr um die gleiche Erörterung, die in Europa als Problem der Substanz und ihrer Qualitäten bekannt ist; die eine Partei behauptet, daß hinter den Qualitäten sich etwas als Substanz befindet, dem die Qualitäten inhärieren, die andere Partei leugnet die Existenz einer solchen Substanz als unnötig, denn die Qualitäten können für sich selber bestehen. Natürlich ist die älteste Theorie der Seele auf das Argument der Selbstgleichheit oder Identität aufgebaut: Ich bin ich. Das Ich von gestern ist das Ich von heute, und das Ich von heute wird das Ich von morgen sein. Aller der Änderungen ungeachtet, die der Körper erfährt, glaube ich doch, daß ich das nämliche Ich bin. Dies scheint das Hauptargument derjenigen gewesen zu sein, die an eine begrenzte und dennoch durchaus vollständige individuelle Seele glaubten.

Auf der Gegenseite stellten die alten Buddhisten die Notwendigkeit einer solchen Annahme in Abrede. Sie brachten das Argument vor, daß alles, was wir wissen und alles, was wir möglicherweise wissen können, einfach diese Veränderungen sind. Die Aufstellung einer unveränderlichen und unveränderten Substanz ist einfach überflüssig, und selbst dann, wenn es ein solches unveränderliches Ding gäbe, könnten wir es nicht verstehen, noch würden wir je imstande sein, es in irgendeiner Bedeutung des Wortes zu erkennen. Dieselbe Erörterung werden Sie in der Gegenwart in Europa zwischen den Religionsvertretern und Idealisten auf der einen Seite, und den modernen Positivisten und Agnostikern auf der andern finden; die einen behaupteten, es gäbe etwas, das sich nicht verändert (der letzte Vertreter dieser Ansicht ist Herbert Spencer, † 1903), wir gewahrten den Schimmer von etwas, das unveränderlich ist. Die andere Ansicht wird von den modernen Anhängern Comte's († 1857) und den modernen Agnostikern vertreten. Diejenigen unter Ihnen, die vor einigen Jahren an den Streitigkeiten zwischen Herbert Spencer und Fredrik Harrison Anteil genommen haben, werden beobachtet haben, daß es sich um dieselbe alte Schwierigkeit handelte, indem die einen eine Substanz hinter dem Veränderlichen annahmen, und die anderen die Notwendigkeit einer solchen Annahme ablehnten. Die eine Partei behauptete, wir könnten keine Veränderungen begreifen ohne etwas, das sich nicht verändert, die andere führt als Beweisgrund an, daß dies überflüssig sei, wir könnten nur etwas begreifen, das sich verändert, und das Unveränderliche könnten wir weder erkennen noch fühlen oder empfinden.

In Indien fand diese große Frage in ganz alten Zeiten ihre Lösung nicht, weil, wie wir gesehen haben, diese Annahme einer Substanz, die hinter den Qualitäten steht und nicht in den Qualitäten aufgeht, nie erhärtet werden kann; ja sogar das Argument von der Identität des Ich aus der Tatsache des Gedächtnisses, also: daß ich das Ich von gestern bin, weil ich mich dessen erinnere, und daß ich mithin ein dauerndes Etwas war, kann nicht bewiesen werden. Die andere Ausflucht, die allgemein vorgebracht wurde, ist eine reine Worttäuschung. Ein Mensch kann zum Beispiel eine lange Reihe solcher Sätze wie: »Ich tue«, «ich gehe«, »ich träume«, »ich schlafe«, »ich bewege mich« äußern, und dabei werden Sie den Anspruch erhoben finden, daß das Tun, Gehen, Träumen usw. sich verändert hat, aber das, was konstant blieb, dieses Ich war. So schließen Sie denn, daß das Ich etwas Beständiges und Individuelles an sich ist und all die Veränderungen zum Körper gehören. Diese Behauptung, obgleich sie anscheinend sehr überzeugend und klar ist, ist auf ein bloßes Wortspiel gegründet. Das Ich und das Tun, Gehen und Träumen mag Schwarz auf Weiß getrennt werden, aber niemand vermag es im Geiste zu trennen.

Wenn ich esse, denke ich an mich selber als einen Essenden, ich identifiziere mich mit dem Essen. Wenn ich laufe, so sind ich und der Laufende nicht zwei getrennte Dinge. So scheint also das Argument von der persönlichen Identität nicht sehr beweiskräftig zu sein. Das andere Argument vom Gedächtnis ist ebenso schwach. Wenn die Identität meines Wesens durch mein Gedächtnis repräsentiert wird, sind manche Dinge, die ich vergessen habe, dieser Identität verlustig gegangen. Wir wissen, daß Leute unter gewissen Bedingungen ihre ganze Vergangenheit vergessen. In manchen Fällen von Geisteskrankheit kommen die Leute sich vor, als seien sie aus Glas oder als seien sie Tiere. Wenn die Existenz eines solchen Menschen von seinem Gedächtnisse abhängt, dann ist er zu Glas geworden, und wenn dies nicht der Fall ist, dann können wir die Identität des Selbst nicht von einer so lockeren Substanz abhängen lassen, wie es das Gedächtnis ist. So sehen wir also, daß die Seele als eine begrenzte, aber doch vollständige und dauernde Identität, als von ihren Qualitäten getrennt, nicht festgestellt werden kann. Wir können keine verengte, beschränkte Existenz aufstellen, an die ein Bündel von Qualitäten angeheftet ist.

Andrerseits scheint das Argument der alten Buddhisten strenger zu sein, daß wir etwas, das jenseits des Bündels der Qualitäten ist, nicht erkennen und nicht erkennen können. Ihrer Ansicht gemäß besteht die Seele aus einem Bündel von Qualitäten, die Empfindungen und Gefühle heißen. Eine Menge davon ist das, was die Seele genannt wird, und diese Menge verändert sich stets.

Die Theorie der Advaitisten versöhnt diese beiden Aufstellungen. Die Stellungnahme des Advaitisten ist die, es sei richtig, daß wir die Substanz als von den Qualitäten getrennt nicht denken können; wir können Veränderlichkeit und Unveränderlichkeit nicht gleichzeitig denken; das würde unmöglich sein. Aber dasselbe, was die Substanz ist, ist auch die Qualität; Substanz und Qualität sind keine zwei Dinge. Es ist das Unveränderliche, das als veränderlich erscheint. Die unveränderliche Substanz des Universums ist nichts von ihm Getrenntes. Das Noumenon ist nicht etwas, das von den Phänomenis verschieden ist, sondern es ist das Noumenon selbst, das zu den Phänomena geworden ist. Es gibt eine Seele, die unveränderlich ist, und das, was wir Gefühle und Empfindungen nennen, ja sogar den Körper, das ist die Seele selber, nur von einem andern Gesichtspunkt aus gesehen. Wir haben die Denkgewohnheit angenommen, daß wir Körper und Seelen haben usw., aber in Wirklichkeit gesprochen gibt es nur eines.

Wenn ich an mein Selbst als an meinen Körper denke,

so bin ich nur ein Körper; es ist sinnlos, zu sagen, daß ich sonst etwas bin. Und wenn ich an mein Selbst denke als eine Seele, dann verschwindet der Körper und die Wahrnehmung des Körpers dauert nicht an. Niemand kann die Wahrnehmung seines Ichs erhalten, ohne daß seine Wahrnehmung des Körpers verschwunden ist; niemand kann eine Wahrnehmung von der Substanz erhalten, ohne daß seine Wahrnehmung von den Qualitäten verschwunden ist.

Das alte Erläuterungsbild des Advaita von dem Seil, das für eine Schlange gehalten wird, mag diesen Punkt noch etwas mehr verdeutlichen. Wenn ein Mensch das Seil irrtümlich für eine Schlange hält, so ist das Seil verschwunden, und wenn er es für ein Seil hält, so ist die Schlange verschwunden, und das Seil allein bleibt zurück. Die Vorstellungen einer zwei- oder dreifachen Existenz rühren vom Nachdenken über ungenügende Data her, und wir lesen sie in Büchern oder hören von ihnen, bis wir der Täuschung verfallen, daß wir in Wahrheit eine doppelte Wahrnehmung von der Seele und vom Körper haben; aber eine solche Wahrnehmung existiert in Wirklichkeit nicht. Die Wahrnehmung betrifft entweder den Körper oder die Seele. Es braucht keine Beweise, um dies zu erhärten, Sie können es in Ihrem eigenen Geiste verifizieren.

Versuche dein Selbst als eine Seele zu denken, als ein körperloses Etwas. Sie werden finden, daß es fast unmöglich ist, und die wenigen, die es vermögen, werden merken, daß sie zu der Zeit, wo sie sich selber als Seele realisieren, keine Vorstellung vom Körper haben. Sie haben von Leuten gehört oder vielleicht gar solche gesehen, die bei besonderen Gelegenheiten in besondere Geisteszustände verfielen, die durch tiefes Meditieren, Autosuggestion, Hysterie oder Arzneimittel verursacht waren. Aus ihrer Erfahrung können Sie schließen, daß, wenn sie das innere Etwas wahrnahmen, das äußere für sie verschwunden war. Dies beweist, daß alles, was existiert, eins ist. Dieses Eine erscheint in diesen verschiedenen Formen, und all diese verschiedenen Formen lassen das Verhältnis von Ursache und Wirkung entstehen. Das Verhältnis von Ursache und Wirkung ist eine Entwicklungsbeziehung; das eine wird zum anderen usw. Bisweilen verschwindet die Ursache gleichsam und an ihre Stelle tritt die Wirkung. Wenn die Seele die Ursache des Körpers ist, verschwindet sie gleichsam zugunsten des Zeitwesens, und der Körper bleibt zurück, und wenn der Körper verschwindet, bleibt die Seele zurück. Diese Theorie paßt zu den Argumenten der Buddhisten, die gegen die Annahme des Dualismus von Körper und Seele gerichtet waren, indem sie die Dualität ableugneten und zeigten, daß die Substanz und die Qualitäten ein und dasselbe Ding sind, das in verschiedenen Formen erscheint.

Wir haben gesehen, daß diese Vorstellung vom Unveränderlichen nur insoweit aufrechterhalten werden kann, als sie das Ganze betrifft, nicht jedoch, soweit sie den Teil betrifft. Die Vorstellung des Teiles entsteht ja gerade aus der Vorstellung vom Wechsel, von der Bewegung. Jedes Ding, das begrenzt ist, können wir begreifen und erkennen, weil es veränderlich ist, und das Ganze muß unveränderlich sein, weil es außer ihm kein anderes Ding gibt, in bezug auf das eine Veränderung möglich wäre. Veränderung steht allezeit in Beziehung zu etwas, das sich nicht verändert oder das sich relativ weniger verändert.

Gemäß der Philosophie des Advaita kann mithin die Vorstellung von der Seele als universal, unveränderlich und unsterblich, soweit es angeht, demonstriert werden. Die Schwierigkeit entsteht erst mit Bezug auf das Besondere. Was wollen wir mit den alten dualistischen Theorien anfangen, die eine solche Gewalt über uns ausüben und durch die wir alle hindurch müssen, – mit diesem Glauben an beschränkte, kleine, individuelle Seelen?

Wir haben gesehen, daß wir in Hinsicht auf das Ganze unsterblich sind, aber die Schwierigkeit besteht darin, daß wir ebenso unsterblich als Teilstücke des Ganzen sein möchten. Wir haben gesehen, daß wir unendlich sind, und daß dies unsere wahre Realität ist. Aber wir wünschen ebensosehr, diese kleinen Seelen individuell zu gestalten. Was wird aus ihnen, wenn wir in unserer alltäglichen Erfahrung finden, daß diese kleinen Seelen individuell sind, nur mit dem Vorbehalt, daß sie dauernd wachsende Individuen sind? Sie sind das nämliche, und doch nicht das nämliche. Das Ich von gestern ist das Ich von heute, und doch ist es auch wieder nicht so, irgend etwas ist geändert. Wenn man sich nun von der dualistischen Vorstellung freimacht, daß inmitten all dieser Veränderungen etwas vorhanden ist, das sich nicht ändert, und die modernste dieser Konzeptionen den Entwicklungsgedanken nimmt, so finden wir, daß das Ich eine dauernd wechselnde sich ausbreitende Entität ist.

Wenn es wahr ist, daß der Mensch das Entwicklungsprodukt einer Molluske ist, so ist die individuelle Molluske dasselbe wie der Mensch, nur hat er sich um ein großes Teil stärker ausgebreitet. Von der Molluske bis zum Menschen hat eine dauernde Ausbreitung zum Unendlichen hin stattgefunden. Daher kann die begrenzte Seele als Individuum aufgefaßt werden, das sich beständig zum unendlichen Individuum hin erweitert. Vollkommene Individualität kann nur erreicht werden, wenn sie das Unendliche erreicht hat, aber auf dieser Seite des Unendlichen ist es eine dauernd wechselnde, wachsende Persönlichkeit. Einer der bemerkenswerten Züge des Advaitasystems des Vedanta ist es, die vorhergehenden Systeme miteinander auszugleichen. In manchen Fällen half dies der Philosophie sehr; in einigen Fällen fügte es ihr Schaden zu. Unsere alten Philosophen kannten das, was Sie Entwicklungstheorie nennen; diese Entwicklung ist eine stufenartige, die Schritt für Schritt erfolgt, und die Erkenntnis dessen führte sie dazu, alle vorhergehenden Systeme in Einklang zu setzen. Auf diese Weise wurde keine dieser früheren Vorstellungen zurückgewiesen. Der Fehler des buddhistischen Glaubens war der, daß er weder die Fähigkeit noch die Wahrnehmung dieses dauernden, sich ausbreitenden Wachstums besaß, und aus diesem Grunde machte er nie den Versuch, sich selber mit den vorher vorhandenen Schritten zum Ideal hin in Einklang zu setzen. Sie wurden als unnütz und schädlich verworfen.

Diese Tendenz ist in der Religion sehr schädlich. Ein Mensch kommt zu einer neuen, besseren Vorstellung, und dann schaut er auf die zurück, die er aufgegeben hat, und fortan entscheidet er, daß sie sehr nachteilig und unnötig waren. Nie denkt er daran, daß, wie roh sie ihm auch von seinem jetzigen Standpunkt aus vorkommen, sie doch sehr dienlich für ihn waren, daß sie für ihn nötig waren, um seinen gegenwärtigen Zustand zu erreichen, und daß jeder von uns in ähnlicher Weise sich entwickeln muß, indem er zuerst in rohen Vorstellungen lebt, Nutzen aus ihnen zieht und dann zu einem höheren Maßstab vordringt. Daher steht der Advaita mit den ältesten Theorien freundlich. Der Dualismus und alle Systeme, die ihm vorangingen, wurden vom Advaitasystem nicht in bevormundender Weise aufgenommen, sondern in der Überzeugung, daß sie wahr sind als Manifestationen der gleichen Wahrheit, und daß sie alle zu denselben Schlußfolgerungen führen, wie sie der Advaita erreicht hat.

Mit Lobpreisung und nicht mit Verwünschung sollten alle diese verschiedenen Stufen, durch die die Menschheit hindurchgehen muß, aufbewahrt bleiben. Daher sind alle diese dualistischen Systeme nie verworfen oder beiseite geworfen worden, sondern sie wurden von der Vedanta unberührt gelassen, und die dualistische Konzeption einer individuellen Seele, die begrenzt und doch in sich vollständig ist, findet ihre Stelle in der Vedanta.

Gemäß dem Dualismus stirbt der Mensch und geht zu andern Welten ein usw., und diese Vorstellungen wurden in ihrem ganzen Umfang im Vedanta übernommen. Denn mit der Erkenntnis des Wachstums im System des Advaita erhielten diese Theorien die ihnen gebührende Stelle, wenn man zugab, daß sie nur eine Teilansicht der Wahrheit darstellen.

Von dem dualistischen Standpunkt kann dieses Universum nur als eine Schöpfung der Materie oder Kraft angesehen, es kann bloß als das Spiel eines bestimmten Willens betrachtet werden, und dieser Wille kann wieder nur als getrennt vom Universum gelten; so muß also von einem derartigen Standpunkt aus der Mensch sich selber als zusammengesetzt aus einer Doppelnatur, Natur und Seele, erblicken, und diese Seele, obgleich sie beschränkt ist, ist individuell vollständig in sich. Die Vorstellungen eines solchen Menschen, soweit sie sich auf die Unsterblichkeit und das zukünftige Leben beziehen, müssen notwendigerweise mit einer Vorstellung von der Seele übereinstimmen. Diese Phasen sind in der Vedanta übernommen worden, und es ist daher nötig für mich, einige von den volkstümlichen Vorstellungen des Dualismus Ihnen vor Augen zu stellen. Nach dieser Theorie haben wir natürlich einen Körper, und hinter dem Körper ist das, was sie den feinen Körper nennen. Dieser feine Körper besteht auch aus Materie, nur aus einer sehr feinen. Er ist die Zufluchtsstätte für unser ganzes Karma, alle unsere Handlungen und Eindrücke, die bereitstehen, in sichtbare Formen einzugehen. Jeder Gedanke, den wir denken, jede Tat, die wir tun, wird nach einer bestimmten Zeit fein, geht in die Keimform über sozusagen und lebt in dem feinen Körper in potentieller Form, und nach einer gewissen Zeit taucht sie wieder auf und trägt ihre Ergebnisse. Diese Ergebnisse bedingen das Leben eines Menschen. So gestaltet er sein eigenes Leben. Der Mensch ist durch keine anderen Gesetze gebunden, die ausgenommen, die er sich selber gibt. Unsere Gedanken, unsere Worte und Taten sind die Fäden des Netzes, das wir um uns selbst werfen, im Guten wie im Bösen. Jedesmal setzen wir eine gewisse Kraft in Bewegung, und wir haben die vollen Konsequenzen daraus zu ziehen. Das ist das Gesetz des Karma. Hinter dem feinen Körper lebt der Jiva oder die individuelle Seele des Menschen. Es gibt verschiedene Streitfragen hinsichtlich der Form und des Sitzes dieser individuellen Seele. Nach einigen ist sie sehr klein wie ein Atom; nach anderen ist sie nicht so klein wie dies; wieder andere behaupten, sie sei sehr ausgedehnt usw. Dieser Jiva ist ein Teil der universalen Substanz, und er ist auch ewig ohne Anfang, er existiert und wird ohne Ende fortexistieren. Er geht durch alle diese Formen hindurch, um seine reale Natur zu manifestieren, die Reinheit ist. Jede Handlung, die diese Manifestation verzögert, wird eine böse Handlung genannt; ebenso steht es mit den Gedanken. Und jede Handlung, jeder Gedanke, die dem Jiva helfen sich auszubreiten, seine wirkliche Natur zu manifestieren, ist gut. Eine Theorie, die in Indien insgemein von den rohesten Dualisten wie von den fortgeschrittensten Nichtdualisten geteilt wird, ist, daß alle Möglichkeiten und Kräfte der Seele in ihr sind und nicht aus einer äußeren Quelle stammen. Sie sind in potentieller Form in der Seele und das ganze Lebenswerk ist einfach darauf gerichtet, diese Möglichkeiten zu verwirklichen.

Sie haben auch die Theorie der Reinkarnation, welche behauptet, daß nach der Auflösung dieses Körpers der Jiva einen andern annehmen wird, und nachdem dieser aufgelöst ist, wird er wieder einen andern annehmen usw., entweder hier oder in irgendeiner anderen Welt, aber dieser Welt ist der Vorrang eingeräumt, und sie wird als die beste aller Welten für unsern Zweck betrachtet. Andere Welten werden als Welten aufgefaßt, wo es sehr wenig Elend gibt, aber aus diesem Grunde bestätigen sie, daß dort eine geringere Möglichkeit besteht, an höhere Dinge zu denken. Da diese Welt etwas Glück und einen großen Teil Elend enthält, so wird der Jiva mitunter gleichsam wach und denkt daran, sich zu befreien. Aber gerade wie sehr reiche Leute auf dieser Welt die geringste Wahrscheinlichkeit haben, an höhere Dinge zu denken, so hat der Jiva im

Himmel eine geringe Wahrscheinlichkeit des Fortschrittes, denn sein Zustand ist derselbe wie der eines reichen Mannes, nur in sehr viel höherem Grade; er hat einen sehr feinen Körper, der keine Krankheit kennt und nicht der Notdurft des Essens und Trinkens unterworfen ist, alle seine Begehrungen sind erfüllt. Der Jiva lebt hier, genießt Freuden auf Freuden und vergißt so seine ganze wirkliche Natur. Es gibt noch höhere Welten, wo die Seelen ewig mit Gott leben werden. Sie werden wundervolle Körper haben und weder Krankheit noch Tod kennen, noch sonst ein Übel, und alle ihre Wünsche werden erfüllt werden. Von Zeit zu Zeit werden einige von ihnen zu dieser Erde zurückkehren und einen andern Körper annehmen, um die menschlichen Wesen den Weg zu Gott zu lehren; und die großen Lehrer der Welt sind solche gewesen. Sie waren schon frei und lebten mit Gott in der höchsten Sphäre, aber ihre Liebe und ihr Mitgefühl für die leidende Menschheit war so groß, daß sie kamen und sich aufs neue verkörperten, um die Menschen den Weg zum Himmel zu lehren.

Natürlich wissen wir, daß der Advaita daran festhält, daß dies nicht das Ziel oder Ideal sein kann; Körperlosigkeit muß das Ideal sein. Das Ideal kann nicht begrenzt sein. Irgendeine Verkürzung des Unendlichen kann das Ideal nicht sein, und es kann keinen unendlichen Körper geben. Das würde unmöglich sein, da der Körper aus der Beschränkung entsteht. Es kann keinen unbegrenzten Gedanken geben, weil das

Denken aus der Begrenzung entsteht. Wir müssen über den Körper hinausgehen, und ebenso über das Denken hinaus, sagt der Advaita. Und ebenso haben wir gesehen, daß dem Advaita zufolge diese Freiheit nicht erworben werden muß; sie ist bereits unser. Wir vergessen und verleugnen es nur. Vollkommenheit muß nicht erworben werden, sie ist bereits in uns. Unsterblichkeit und Seligkeit müssen nicht erworben werden, wir besitzen sie schon; sie sind allezeit unser gewesen.

Wenn Sie zu erklären wagen, daß Sie frei sind, sind Sie in diesem Augenblick frei. Wenn Sie sagen, daß Sie gebunden sind, werden Sie gebunden bleiben. Das ist es, was der Advaita kühn heraussagt. Ich habe Ihnen die Vorstellungen der Dualisten mitgeteilt. Sie können wählen, was Ihnen beliebt.

Das höchste Ideal des Vedanta ist sehr schwer zu verstehen, und die Menschen haben immer darüber gestritten. Die größte Schwierigkeit besteht darin, daß, wenn sie gewisse Vorstellungen erfassen, sie andere ableugnen und bekämpfen. Nehmen Sie, was Ihnen paßt und lassen Sie andere nehmen, was sie brauchen. Wenn Sie darnach Verlangen tragen, sich an diese kleine Individualität zu klammern, an dieses beschränkte Menschsein, so bleiben Sie dabei, behalten Sie alle diese Wünsche, und seien Sie zufrieden und glücklich mit ihnen. Wenn Ihre Erfahrung mit der Menschlichkeit sehr gut und erfreulich gewesen ist, so behalten Sie sie, solange Sie mögen; Sie können es, denn Sie sind selber die Schmiede Ihres Glückes; niemand kann Sie veranlassen, Ihr Menschentum aufzugeben. Sie werden Menschen sein, solange Sie mögen; niemand kann Sie daran hindern. Wenn Sie Engel zu sein wünschen, so werden Sie Engel sein, das ist das Gesetz. Aber es mag andere geben, die gerade keine Engel zu sein wünschen. Welches Recht haben Sie zu denken, daß diese einen entsetzlichen Begriff gebildet haben? Sie mögen erschreckt sein, wenn Sie hundert Pfund Sterling verlieren; aber es mag andere geben, die nicht mit den Augen zwinkern, wenn sie alles Geld, das sie auf der Welt hatten, verloren haben. Es hat solche Menschen gegeben und gibt deren noch. Warum erkühnen Sie sich, diese Menschen nach Ihrem Maßstabe zu beurteilen? Sie hängen an Ihren Beschränkungen, und diese kleinen weltlichen Vorstellungen mögen Ihr höchstes Ideal bilden. Sie werden Ihren Wunsch erfüllt sehen. Sie werden erreichen, was Sie wünschen. Aber es gibt andere, die die Wahrheit gesehen haben und die nicht in diesen Beschränkungen verbleiben können, die mit diesen Dingen fertig geworden sind und darüber hinauszugehen wünschen. Die Welt mit allen ihren Vergnügungen ist eine richtige Schlammpfütze für sie. Warum wollen Sie sie zu Ihren Vorstellungen verpflichten? Sie müssen sich ein für alle Mal von diesem Bestreben losmachen. Räumen Sie jedermann eine Stelle ein!

Ich las einmal eine Geschichte von ein paar Schiffen, die in einen Wirbelsturm bei den Südseeinseln geraten waren; ein Bild dieses Ereignisses stand in den Illustrated London News. Alle Schiffe scheiterten, außer einem englischen Schiffe, das dem Sturme Trotz bot. Das Bild zeigte, wie die Menschen ertranken, sie standen auf dem Verdeck und ermunterten die Leute, die durch den Sturm segelten. (H. M. S. Calliope und die amerikanische Flotte bei Samoa.) Sei tapfer und edel wie diese Menschen! Zieh nicht andere zu dir herab! Ein anderer törichter Begriff ist der, daß, wenn wir unsere geringe Individualität verlieren, keine Moralität mehr besteht, keine Hoffnung für die Menschlichkeit. Als ob jedermann all die Zeit über für die Menschheit gestorben wäre! Gott behüte! Wenn es in jedem Lande zweihundert Männer und Frauen gäbe, die wirklich der Menschheit Gutes zu tun wünschten, so würde das tausendjährige Reich in fünf Tagen da sein. Wir wissen, wie wir für die Menschheit sterben! Das ist alles treffliches Gerede und nichts anderes! Die Weltgeschichte zeigt, daß diejenigen, die nie an ihre geringe Individualität dachten, die größten Wohltäter des Menschengeschlechtes waren, und daß die Männer und Frauen, je mehr sie an sich selber denken, um so weniger fähig sind, für andere zu wirken. Das eine ist Selbstlosigkeit und das andere Selbstsucht. An den kleinen Freuden zu hängen und die Fortsetzung und Wiederholung dieses Zustandes zu wünschen, das ist vollkommene Selbstsucht. Dergleichen entspringt nicht dem Verlangen nach Wahrheit, sein Entstehen verdankt man nicht der Zuneigung für andere Wesen, sondern ausgesprochener Selbstsucht des menschlichen Herzens, der Vorstellung: »Ich will alles haben und bekümmere mich um niemand sonst.« So erscheint nur dieses Verhalten. Ich möchte mehr moralische Menschen auf der Welt sehen, wie es einige von den großen alten Propheten und Weisen der alten Zeiten waren, die hundert Leben aufgegeben haben würden, wenn sie damit einem geringen Tier eine Wohltat erweisen konnten. Bloßes Gerede von Moralität und guten Werken für andere! Albernes Geschwätz der gegenwärtigen Zeit!

Ich möchte moralische Menschen sehen wie Gautama Buddha, der nicht an einen persönlichen Gott oder an eine persönliche Seele glaubte, und nicht danach fragte, sondern ein vollkommener Agnostiker war und doch ein Mann, der bereit war, sein Leben für jedermann zu opfern, der sein ganzes Leben lang zum Besten aller tätig war und nur auf die Wohlfahrt aller bedacht war. Sein Biograph hat bei der Beschreibung seiner Geburt richtig gesagt, daß er zum Besten der Menge, als Segen für die Menge geboren wurde. Er ging nicht in den Wald, um über seine eigene Rettung nachzusinnen; er fühlte, daß die Welt in Flammen stand und daß er einen Ausweg finden mußte. »Warum gibt es soviel Elend auf der Welt?«, das war die einzige Frage, die sein ganzes Leben beherrschte. Glauben Sie, daß wir so moralisch sind wie Buddha?

Je selbstsüchtiger ein Mensch ist, um so unmoralischer ist er. Und so steht es auch mit der Rasse. Die Rasse, die an sich selber hängt, ist die grausamste und schlimmste auf der ganzen Welt gewesen. Es hat keine Religion gegeben, die mehr an diesem Dualismus festgehalten hat, als diejenige, die von dem Propheten Arabiens begründet worden ist, und es hat keine Religion gegeben, die soviel Blut vergossen hat und so grausam zu andern Menschen gewesen ist. Im Koran steht die Lehre, daß ein Mensch, der diese Lehren nicht glaubt, getötet werden soll; es ist ein Verdienst ihn zu töten! Und der sicherste Weg, den Himmel zu erlangen, wo es wundervolle Haris und alle Arten von Sinnesvergnügungen gibt, besteht darin, diese Ungläubigen zu töten. Denken Sie sich aus, wieviel Blutvergießen die Folge eines solchen Glaubens gewesen ist!

In der Christusreligion war wenig Grausamkeit: es besteht nur ein geringer Unterschied zwischen der reinen Christusreligion und der des Vedanta. Sie finden hier die Idee der Einheit, aber Christus predigte dem Volke auch dualistische Vorstellungen, um ihm etwas Greifbares zu geben, woran es sich halten konnte, um es zum höchsten Ideale emporzuführen. Der gleiche Prophet, der predigte: »Unser Vater, der du bist im Himmel«, predigte auch: »Ich und mein Vater sind eines«, und derselbe Prophet wußte, daß durch das »Vater im Himmel« der Weg zu dem »Ich und mein Vater sind eines« führt. Es gab nur Liebe und Seligkeit in der Christusreligion, aber sobald sich die Grausamkeit einschlich, wurde sie zu etwas herabgewürdigt, das nicht viel besser ist als die Religion des

Propheten von Arabien. Es war tatsächlich Grausamkeit, – dieser Kampf für das kleine Selbst, dies Hängen am Ich nicht nur in diesem Leben, sondern auch in dem Verlangen seiner Fortsetzung sogar nach dem Tode. Und das hält man für Selbstlosigkeit; dies für eine Begründung der Moralität! Gott stehe uns bei, wenn das die Grundlage der Moralität sein soll! Und seltsam genug, Männer und Frauen, die es besser wissen sollten, denken, die ganze Moralität würde zerstört, wenn diese kleinen Ichs verschwinden und stehen erschreckt bei der Vorstellung, daß Moralität nur auf ihrer Vernichtung beruhen kann. Das Losungswort aller Wohlfahrt, alles moralisch Guten ist nicht »Ich« sondern »Du«. Wen kümmert es, ob es einen Himmel oder eine Hölle gibt, wen kümmert es, ob es eine Seele gibt oder nicht, wen kümmert es, ob es ein Unveränderliches gibt oder nicht? Hier ist die Welt, und sie ist voll von Elend. Geh hinaus in die Welt, wie Buddha sagt, und kämpfe, um es zu vermindern oder bei diesem Versuche zu sterben. Vergeßt euer Selbst; das ist das erste Lehrstück, das gelernt werden muß, ob du Theist oder Atheist, ob du Agnostiker oder Vedantist, Christ oder Mohammedaner bist. Die eine Lehre, die allen einleuchtet, ist die Zerstörung des kleinen Selbst und der Aufbau des wirklichen Selbst.

Zwei Kräfte sind Seite an Seite tätig gewesen auf parallelen Linien. Die eine sagt »Ich«, die andere sagt »Nichtich«. Sie manifestieren sich nicht nur im Menschen, sondern auch in Tieren, nicht nur in großen

Tieren, sondern auch in dem kleinsten Wurm. Die Tigerin, die ihre Klauen in das warme Blut eines menschlichen Wesens taucht, würde ihr eigenes Leben aufgeben, um ihr Junges zu schützen. Der entartete Mensch, der sich nichts dabei denkt, seinen Brudermenschen das Leben zu nehmen, wird sich vielleicht selbst ohne zu zögern opfern, um sein sterbendes Weib und seine Kinder zu retten. So wirken denn durch die ganze Schöpfung hindurch diese beiden Kräfte Schulter an Schulter; wo Sie die eine finden, da finden Sie auch die andere. Die eine ist die Selbstsucht, die andere die Selbstlosigkeit. Die eine ist Erwerb, die andere ist Verzicht. Die eine nimmt, die andere gibt. Vom Niedrigsten bis zum Höchsten ist das ganze Universum der Spielplatz dieser beiden Kräfte. Das braucht keinen Beweis; es leuchtet allen ein.

Welches Recht hat ein Teil der Gesamtheit, die gesamte Tätigkeit und Entwicklung des Universums auf einen dieser Faktoren allein aufzubauen, auf Wettbewerb und Kampf? Welches Recht hat er, die ganze Tätigkeit des Universums auf die Leidenschaft und den Kampf, auf Wettbewerb und Streit aufzubauen? Daß diese Dinge existieren, stellen wir nicht in Abrede, aber was für ein Recht hat jemand, die Wirksamkeit der anderen Kraft zu leugnen? Kann irgendein Mensch leugnen, daß die Liebe, dieses »Nichtichsein«, dieser Verzicht, die einzige positive Kraft in diesem Universum ist? Die andere ist nur der mißleitete Gebrauch der Kraft der Liebe; die Liebeskraft hat Wettbewerb zur Folge, der wirkliche Ursprung des Wettbewerbes ist die Liebe. Der wirkliche Ursprung des Bösen ist die Selbstlosigkeit. Der Schöpfer des Bösen ist das Gute, und das Ende ist auch gut. Es ist nur Mißleitung der Kraft des Guten. Ein Mensch, der einen andern tötet, ist vielleicht dazu durch die Liebe zu seinem eigenen Kinde veranlaßt. Seine Liebe hat sich auf das eine kleine Kind beschränkt, mit Ausschluß der Millionen anderer menschlichen Wesen im Universum. Und doch, begrenzt oder unbegrenzt, es ist dieselbe Liebe.

So ist die Triebkraft des ganzen Universums, auf welchem Wege sie sich auch offenbart, dies eine wundervolle Ding, die Selbstlosigkeit, die Entsagung, die Liebe, das Reale, die einzige lebendige Kraft, die existiert. Deshalb besteht der Vedantist auf dieser Einheit. Wir bestehen auf dieser Erklärung, weil wir keine zwei Ursachen des Universums zulassen können. Wenn wir einfach daran festhalten, daß durch Begrenzung die nämliche, herrliche, wunderbare Liebe als Übel oder Schlechtes erscheint, so finden wir das ganze Universum durch die eine Kraft der Liebe erklärt. Wenn man dies nicht tut, so muß man zwei Ursachen des Universums für ausgemacht halten, das Gute und das Übel, die Liebe und den Haß. Was ist logischer? Sicherlich die Theorie der *einen* Kraft.

Lassen Sie uns jetzt zu Dingen übergehen, die vielleicht nicht zum Dualismus gehören. Ich kann mich nicht länger bei den Dualisten aufhalten, ich habe genug. Meine Meinung ist die, zu zeigen, daß das höchste Ideal der Moralität und Selbstlosigkeit Hand in Hand mit der höchsten metaphysischen Konzeption geht, und daß Sie Ihre Konzeption nicht herunterzustimmen brauchen, um Ethik und Moral zu erlangen; im Gegenteil, um eine reale Grundlage der Moral und Ethik zu gewinnen, müssen Sie die höchsten philosophischen und wissenschaftlichen Gedankengänge verfolgen. Die menschliche Vernunft ist dem menschlichen Wohlbefinden nicht feindlich entgegengesetzt. Gerade umgekehrt: die Vernunft allein wird uns in jeder Lebenslage helfen; Erkennen ist Gebet. Je mehr wir wissen, um so besser ist es für uns. Der Vedantist sagt, die Ursache alles dessen, was augenscheinlich Übel ist, ist die Begrenzung des Unbegrenzten. Die Liebe, die sich in kleine Kanäle zwängt und böse zu sein scheint, kommt möglicherweise am anderen Ende heraus und offenbart sich als Gott. Ebenso sagt der Vedanta, daß die Ursache all dieses offensichtlichen Übels in uns selber liegt; tadle nicht irgendein übernatürliches Wesen, sei weder hoffnungslos und verzagt noch denke, daß wir an einem Orte sind, von wo wir nicht entkommen können, bis jemand kommt und uns eine hilfreiche Hand leiht. Das ist unmöglich, sagt der Vedanta; wir sind wie Seidenwürmer. Wir bilden den Faden aus unserer eigenen Substanz und spinnen den Kokon, und mit der Zeit sind wir darin eingekehrt. Aber dies dauert nicht ewig. In diesem Kokon werden wir die spirituelle Verwirklichung entwickeln, und dem Schmetterling gleich werden wir frei werden.

Dieses Netzwerk des Karma haben wir um uns selbst herumgewoben; und in unserer Unwissenheit fühlen wir uns wie gebunden und klagen und jammern um Hilfe. Aber die kommt nicht von außen; sie kommt aus uns selber. Rufe alle Götter im Universum an! Ich rief sie Jahre lang an, und zuletzt fand ich Hilfe. Aber die Hilfe kam von innen. Und ich mußte unterlassen, was ich aus Irrtum getan hatte. Das ist der einzige Weg. Ich mußte das Netz durchschneiden, das ich selber um mich gewoben hatte, und die Kraft dies zu tun, liegt im Inneren. Dessen bin ich gewiß, daß kein wohlgeleitetes noch mißgeleitetes Bestreben meines Lebens vergeblich gewesen ist, sondern daß ich die Resultate meiner gesamten Vergangenheit bin, der guten wie der bösen. Ich habe mancherlei Irrtümer in meinem Leben begangen, aber halten Sie fest, ich bin dessen sicher, daß ich ohne jeden einzelnen dieser Fehler nicht das wäre, was ich heute bin, und so bin ich völlig zufrieden, sie begangen zu haben. Ich meine nicht, daß Sie nach Hause gehen und vorsätzlich Fehler begehen sollen; mißverstehen Sie mich nicht auf diese Weise. Aber seien Sie nicht betrübt um der Fehler willen, die Sie begangen haben, sondern halten Sie sich versichert, daß letzten Endes sich alles zum Rechten wendet. Es kann nicht anders sein, weil Güte unsere Natur ist, Reinheit unsere Natur ist, und diese Natur kann niemals vernichtet werden. Unsere Natur bleibt im Wesenhaften immer dieselbe.

Was wir verstehen müssen, ist dies, daß das, was wir

Fehler oder Böses nennen, wir deshalb begehen, weil wir schwach sind, und wir sind schwach, weil wir unwissend sind. Ich ziehe vor, dies Fehler zu nennen. Das Wort Sünde, obgleich ursprünglich ein sehr gutes Wort, hat einen gewissen Geruch angenommen, der mich erschreckt. Wer macht uns unwissend? Wir selber. Wir legen die Hand vor die Augen und klagen, daß es dunkel ist. Nehmen Sie die Hände weg und das Licht ist da; das Licht ist immer für uns da: die selbstleuchtende Natur der menschlichen Seele. Hören Sie nicht, was die Männer der modernen Wissenschaft sagen? Was ist die Ursache der Entwicklung? Das Begehren. Das Tier wünscht etwas zu tun, aber es findet die geeignete Umgebung nicht, und deshalb entwikkelt es eine neue Gestalt. Wer entwickelt sie? Das Tier selber, sein Wille. Sie haben sich aus der niedrigsten Amöbe entwickelt. Fahren Sie fort, Ihren Willen zu üben, und er wird Sie noch höher führen. Der Wille ist allmächtig. Wenn er allmächtig ist, werden Sie einwerfen, warum kann er da nicht alles tun? Aber Sie denken nur an Ihr kleines Selbst. Blicken Sie auf sich selbst zurück vom Stadium der Amöbe ab bis zum Menschenwesen hinauf; wer bewirkte dies alles? Ihr eigener Wille. Können Sie da in Abrede stellen, daß er allmächtig ist? Das, was Sie so hoch hat hinaufkommen lassen, kann Sie noch höher führen. Was Sie wünschen, ist Charakter, Willensstärke.

Wenn ich Sie daher lehre, daß Ihre Natur böse ist, daß Sie nach Hause gehen, in Sack und Asche sitzen und ihr Leben verweinen sollen, weil Sie gewisse falsche Schritte getan haben, so werde ich Ihnen nicht helfen, sondern ich werde Sie noch mehr schwächen, und ich würde Ihnen den Weg zeigen, der zu mehr Üblem als Gutem führt. Wenn dieser Raum voller Dunkelheit ist seit tausenden von Jahren und Sie treten ein und beginnen zu weinen und zu klagen: »Ach, über die Dunkelheit«, wird da die Dunkelheit verschwinden? Zünden Sie ein Streichholz an und das Licht kommt im Augenblick. Was Gutes kommt dabei heraus, wenn Sie Ihr ganzes Leben lang denken: »Ach, ich habe Böses getan, ich habe mancherlei Fehler begangen.« Man braucht kein Gespenst dazu, um uns das zu erzählen. Bring Licht herein und das Böse verschwindet in einem Augenblick. Baue Deinen Charakter auf und manifestiere Deine wahre Natur, die Leuchtende, Glänzende, die Immerreine, und erwecke sie in allem, was Du siehst. Ich wünsche, daß jeder von uns zu einem solchen Zustande gelangt, daß wir sogar noch in dem verderblichsten menschlichen Wesen das reale Selbst darin erblicken, und anstatt sie zu verdammen, sagen können: »Erhebe dich, du glänzendes Eine, erhebe dich du, der du immer rein bist, erhebe dich, Geburt- und Todloser, Allmächtiger, und manifestiere deine wahre Natur. Diese geringen Manifestierungen passen sich nicht für dich.« Dies ist das höchste Gebet, das der Advaita lehrt. Dies ist das einzige Gebet, um uns an unsere wahre Natur zu erinnern, an den Gott, der stets in uns ist, den wir nimmer als unendlich, allmächtig, allgütig, stets wohltätig, selbstlos, aller Beschränkungen ledig denken. Und da diese Natur selbstlos ist, ist sie stark und furchtlos; denn nur zur Selbstsucht gesellt sich Furcht. Derjenige, der nichts für sich zu wünschen hat, wen soll er fürchten, und was kann ihn erschrecken? Welchen Schrecken hat der Tod für ihn? Welchen Schrecken hat das Böse für ihn? So müssen wir also, wenn wir Advaitisten sind, von diesem Augenblick an denken, daß unser altes Selbst tot und vergangen ist. Der alte Herr, die alte Frau, das alte Fräulein Soundso sind vergangen, sie waren bloße Einbildungen, und was übrig bleibt, ist das Ewigreine, das Ewigstarke, das Allmächtige, das Allwissende, – dies allein bleibt für uns zurück, und dann schwindet alle Furcht von uns. Wer kann uns, den Allgegenwärtigen, schädigen? Alle Schwäche ist von uns geschwunden und unsere einzige Tat besteht darin, diese Erkenntnis in unsern Nebenmenschen zu erwecken. Wir sehen, daß auch sie dasselbe reine Selbst sind, nur wissen sie es nicht: wir müssen es sie lehren, wir müssen ihnen helfen, ihre unendliche Natur zu entdecken. Dies ist es, was nach meinem Gefühl für die ganze Welt absolut notwendig ist. Diese Doktrinen sind alt, älter vielleicht als manche Berge. Alle Wahrheit ist ewig. Wahrheit ist niemandes Eigentum; keine Rasse, kein Individuum kann einen ausschließlichen Anspruch darauf erheben. Wahrheit ist die Natur aller Seelen. Wer kann einen besonderen Anspruch darauf machen? Aber sie muß praktisch gemacht werden, einfach (denn die höchsten Wahrheiten sind immer einfach), so daß sie in jede Pore der menschlichen Gesellschaft eindringen und das Eigentum der höchsten und der gewöhnlichsten Geister, der Männer, Frauen und Kinder zugleich, werden kann. All diese Beweisführungen der Logik, all diese Bündel Metaphysiken, all diese Theologien und Zeremonien mögen zu ihrer Zeit Gutes geleistet haben, aber laßt uns versuchen, die Dinge einfacher zu gestalten und die goldenen Tage heraufzuführen, wo jedermann ein Verehrer der Wahrheit und die Wirklichkeit in jedermann der Gegenstand dieser Verehrung sein wird.

ANHANG

Romain Rolland

Die Physiologie der indischen Askese

Mystisches Erleben ist in Indien keineswegs, wie es (zu Unrecht) in Europa erscheint, Gunst (oder Ungunst, werden »Ungläubige« sagen) individueller Lebensbahn. Die Zugangswege zum Erleben der Gottheit sind durch Jahrhunderte auf der seelischen Landkarte geduldig, peinlich genau erkundet, abgeschritten und bezeichnet worden. Um ans Ziel zu gelangen, braucht ein jeder sich bloß an die Straßenkarte zu halten. Sie beruht auf einer haargenauen, wenn auch seltsam formulierten Kenntnis des menschlichen Organismus. Paul Masson-Oursel hat im Journal de Psychologie von 1922 diesen indischen Doktrinen mystischer Physiologie eine reich belegte Studie gewidmet.

Auch die geistigen *Yogas* setzen eine pneumatische Physiologie voraus, eine »fleißige Atemgymnastik«. Die Tantra-Literatur, seit Sir John Woodroffes (A. Avalon) Veröffentlichungen in Europa besser bekannt, lehrt das stufenweise Abtun des Körpers durch Ausnützung von dessen Energien und die »Flucht« in Gott, wobei die sechs Etappen, die sechs çakras (Kreise) durchschritten werden, die sechs Nervenzentren, die in verschiedener Höhe des Rückenmarkes übereinander ihren Sitz haben: *adhara,* wo die Lendenwirbel endigen, nächst dem Plexus sacralis, unterhalb der Geschlechtsteile; *svadhistthàna,* in der Höhe dieser Organe und unmittelbar darüber; *manipùra,* in der Höhe des Nabels; *anahata,* in der Höhe des Herzens; *viçuddha,* beim Nervenknoten der Kehle; *ajna* (Çivas Auge), zwischen den Brauen. (Diese physiologische Beschreibung findet sich schon in der *Hamsa Upanishad.*) – Darüber endlich der *Türspalt des Brahman,* der sich nächst der siebenten und letzten Etappe auftut: *sahsrara,* die »tausendblättrige Lotusblüte« in den Hirnhälften.

Und das stufenweise Aufsteigen wird durch die psychische Kraft bewirkt, welche unter dem Namen *Koundalini* in Dreiecksform unten schlummert, wie eine Schlange eingerollt. Die Schlange erwacht, entspannt, entrollt sich, bäumt sich hoch und gleitet durch den engen Kanal bis nach oben.

Diese ganze Physiologie des mystischen Anstieges findet sich in Ramakrishnas Gesprächen und Vivekanandas Schriften nach deren persönlicher Erfahrung genau aufgezeichnet, und das bekräftigt die tausendjährige Kollektiverfahrung Indiens; besonders in seinem *Rajayoga* sucht der mit der europäischen Wissenschaft innig vertraute Vivekananda zu zeigen, wie die indische Terminologie völlig mit der europäischen übereinkommt.

Nach Vivekananda, der die altertümliche »pneumatische« Deutung der Welt beibehält, ist das Lebensfluidum der *Prana (πνεῦμα)*. Von da baut sich das Denken in drei Stockwerken auf: a) das Bewußte; b) das Unterbewußte; c) das Überbewußte, jenseits der Vernunft. – Der Rajayoga ist die Wissenschaft von der Überwachung der vitalen Kraft (Prana), um deren Anstieg lenken zu können. Der meditierende Mensch konzentriert den *Prana*. Und unsere Leiden sind durch die Gleichgewichtsstörungen im *Prana* verursacht.

Darum ist ein Unterricht im Atmen geboten; dieser erfolgt unter Anleitung des *Guru*. Die Anweisungen hinsichtlich des Übens und Beherrschens der Atmung sind unter allen Umständen vortrefflich:

Man halte Kopf, Hals und Brust sehr gerade. Man sitze nie querüber, vermeide jede Körperhaltung, durch die das Rückenmark beeinträchtigt wird. Man lerne rhythmisch zu atmen, abwechselnd durch jedes Nasenloch, wobei man den Geist auf den Nervenstrom, auf das Zentrum sammelt. Man unterstütze den Atemrhythmus durch ein paar Worte, um ihn schärfer betonen, bezeichnen, besser lenken zu können! So lernt man wahre Selbstbemeisterung und wahres Rasten, Ruhe des Gesichtes und der Stimme.

Durch die rhythmische Atmung setzt sich allmählich der gesamte Organismus in Übereinstimmung. Alle Molekel des Körpers bekommen gleichen Antrieb. Der ganze Körper wird eine ungeheure Batterie der Willenskraft, die sich in strömende nervöse Energie umgewandelt hat (für Vivekananda ist diese Energie wesensgleich mit dem elektrischen Strom). Die *Kundalini Çakti* (die Essenz der geistigen Kraft) – die *Mutter* in eigener Person, wie Vivekananda sie sieht –, die am Grund jedes Wesens eingerollt ist, wird durch die regelmäßigen Atembewegungen erweckt; der *souchouma* (die gewöhnlich verschlossene Pforte) tut sich auf; und die große Schlange vollbringt ihren Anstieg.

Bemerkenswert ist, daß bei dieser Konzentration des Geistes der indische Lehrmeister das Unterdrücken der Gefühlsregung anempfiehlt: die Mithilfe des Gemütes erscheint ihm gefährlich, er glaubt, durch dieses könne man nie zu dauerhaften Resultaten gelangen: die zurücksinkende Kraft verdirbt, entartet zu erotischen Antrieben. Mit strenger Sorgfalt wacht Vivekananda stets darüber, daß nicht durch unvorsichtige Übungen etwa die Dämonen der Sinnlichkeit entfesselt werden; und er verwirft gewisse *Kirtans* (Tänze und Gesänge), die mit der vitalen Kraft zugleich auch krankhafte Erregbarkeit wecken.

So steht der gewaltigen Strömung, die sich in jedem Menschen sammelt, die Schleuse offen, aber wenige Menschen nur wissen die Schleusentore zu handhaben. Die Flut der Energie beginnt zu steigen . . .

Das Nervenzentrum an der Basis des Rückgrates, nächst dem sacrum, ist das wichtigste. Es ist der Sitz der Zeugungssubstanz und der geschlechtlichen Energien; die *Yogins* bezeichnen es symbolisch durch ein Dreieck, worin eine eingerollte Schlange enthalten ist. Es gilt, die geschlechtlichen Energien in zerebrale oder *ojas* umzuwandeln. Jeder gute Gedanke, jedes gute Gebet trägt dazu bei. Nur bei menschlichen Wesen vermag solches Aufspeichern von *ojas* bewirkt zu werden. Derjenige, bei dem die gesamte tierische Kraft in *ojas* verwandelt wäre, würde Gott. Kein Mann, kein Weib kann wahrhaftig »geistig« werden, bevor die geschlechtliche Energie, die höchste Macht, die dem Menschen gegeben ist, in *ojas* umgewandelt ist. Denn keine Kraft kann erschaffen, sie kann nur gewandelt und gelenkt werden. Darum ist Keuschheit die Grundlage jeder tiefen Sittlichkeit, wie jeder echten Religion. Für den *Rajayoga* ist unbedingte Keuschheit im Tun, in Worten, im Denken eine conditio sine qua non. Dieses Gesetz gilt für alle, für Verheiratete wie Ehelose, vor allem aber für »Geistige«. Wenn man die gewaltigsten Energien seines Wesens vergeudet, vermag man nicht, »geistig« zu werden. Fast mit denselben Worten hatte Beethoven Annäherungsversuche der Frau zurückgewiesen, nach der er Verlangen trug:

»Und wenn ich hätte meine Lebenskraft *mit dem* so hingeben wollen, was wäre für das Edle, das Bessere geblieben?«

Die Geschichte der großen Seher aller Epochen bestätigt diesen Instinkt und diese Lehre.

Nach Ramakrishnas Schilderungen kann bis zum vierten Anstiegszentrum, *Kundalini* (bis zum Herzen), wo die göttliche Strahlung sich zu zeigen beginnt, der sich konzentrierende Mensch noch sprechen. Wenn die ansteigende Energie bis zur Kehle gelangt ist, vermag er nur noch von Gott zu sprechen oder sprechen zu hören. Dann beginnt das Schweigen. In der Höhe der Brauen vollzieht sich im *samadhi* (Ekstase) die Vision der Höchsten Seele, der *Paramatman;* ein einziger dünner Schleier scheidet vom Absoluten Wesen; man meint, in diesem aufgelöst zu sein, aber das ist nicht der Fall; man kann noch bis zum vierten Grade wieder niedersteigen – nicht tiefer. Im allgemeinen braucht man einundzwanzig Tage, um von da zur siebenten Ebene zu gelangen, wo man das OM hört, den völligen Klang, der die ungeheure Symphonie des Weltalls umfaßt. Alles ist zu Ende. Es ist der *Nirvikalpasamadhi,* von wo man nur durch ein Wunder wieder herabgelangt.

Selbstverständlich muß dieser furchtbare kongestive Anstieg einen tödlichen Ausgang haben, wenn er bis ans Ende geht – und auf welcher Stufe man damit auch innehält, seine Ausübung ist nie ungefährlich. Ramakrishna spricht von dem Blutprickeln, das sich gleich im Anfang vom Kopf bis zu den Füßen einstellt. Er sieht Feuerfunken fliegen, leuchtende Nebel, geschmolzenes Metall. Seine Brust rötet sich und behält eine ziegelrote und goldene Färbung. Der ganze Körper verbrennt. Zur Zeit seiner leidenschaftlichen Krishna-Ekstasen schwitzt Ramakrishna in winzigen Tröpfchen Blut. Während einer anderen Periode, nach der Zeit seiner Tantra-Übungen, ist seine Hautfarbe verändert, ist goldig geworden; das goldene Amulett auf seiner Brust ist von dieser nicht mehr zu unterscheiden; der Körper scheint eine Strahlung auszusenden. Nach solchen ekstatischen Zuständen sind die Augen rot, »wie von Ameisen gestochen«. Eines Abends zeigt sein gereizter Gaumen einen Erguß schwarzen Blutes, das sogleich gerinnt; ein *Sadhu*, der dies sieht, sagt ihm, diese Blutung habe ihn vor einem Gehirnschlag bewahrt. – Auch Vivekananda hat nach einer leidenschaftlichen Meditation in einem Auge einen Knoten von gestocktem Blut. Zahlreiche solche Ekstatiker sterben an Gehirnblutungen. Und auch der Kehlkopfkrebs, an dem Ramakrishna starb, wurde wahrscheinlich durch die während der Ekstasen eintretende unablässige Reizung der Schleimhäute hervorgerufen.

Ramakrishna und Vivekananda, die alle diese Gefahren genau kennen, hüten sich darum auch, ihre Schüler auf solche Bahn zu locken. Ramakrishna untersucht sie immer erst auf die Kraft ihrer Konstitution, prüft besonders ihre Brust und die Schleimhäute des Mundes sowie der Kehle. Fällt die Prüfung unbefriedigend aus, werden ihnen jene Übungen untersagt; und stets ist der Meister da, sie zu überwachen und in Schranken zu halten. Keinem erlaubt er den Versuch, die höchste Stufe zu erklimmen. Dem einzigen Vivekananda gewährt nach jahrelangem Bitten und Drängen der Meister auf seinem Totenbette, indem er dem Jünger eine Machtvollkommenheit überträgt, diese ganz ausnahmsweise Begnadung. Und niemand hat sich so heftig gegen unkontrollierten Gebrauch der Ekstase ausgesprochen wie Vivekananda. Keiner hat je so rauh und unverhohlen die jungen Schüler vor der geistigen Zerrüttung und sogar sittlichen Verderbnis gewarnt, welche durch solche Mittel eintreten kann. Im allgemeinen raten die beiden Meister von physiologischen Übungen ab, soweit sie langwierig und gefahrvoll sind; man darf seine Zeit nicht an yogistische Akrobatenstücke verschwenden, das Leben ist kurz, und man kann auf einfacheren Wegen ans Ziel gelangen: durch natürliche Gefühle. Ramakrishna erklärte geradezu: »Ein solches Verfahren paßt nicht mehr in unsere Zeit . . . Es zielt bloß auf Konzentration des Geistes ab, und diese stellt sich leicht ein, wenn man in Frömmigkeit meditiert.« – So ist auch für christliche Meister, nach dem Worte des Franz von Sales, »das reine und das mystische Gebet ein und dieselbe Sache«.

Und der echte Mann Vivekananda sagte später einmal zu einem jungen Bengalesen, der sich mit Versuchen seelischer Konzentration vergeblich abmühte:

»Mein Kind, wenn Sie mir glauben, so tun Sie erst einmal die Türe Ihres Zimmers auf und schauen umher, statt die Augen zu schließen . . . Wollen Sie den Frieden des Geistes, so dienen Sie den anderen! Das sage ich.«

Oder noch energischer:

»Wollt ihr Gott finden, so dienet dem Menschen!«

Die sieben Täler der Meditation

»... Ich betete ganze Tage, Wochen, Monate... Zuletzt schwang sich mein Geist hinaus über den Uferdamm dieser Welt in die Wasser des *Ersten der sieben Täler*. Ein unbekanntes Licht, wie eine andere Sonne, leuchtete auf allem, was ich erblickte. Alle Dinge der Erde, auf denen meine Augen ruhten, waren in Schönheit gekleidet. Wohin ich auch schaute, brach Schönheit und Seelenfülle aus der Materie hervor, wie Tiger von ihrem Lager. Der Anblick so vieler Wunderdinge erfüllte mich mit ungeheuren Begierden. – ›Besitze! Besitze!‹ riefen sie mir zu... Ich wurde von dem heftigen Verlangen erfaßt, alle Schönheit ringsum zu kosten, zu betasten... In diesem Augenblicke erhob sich in mir ein anderer Schrei: ›Hüte dich! Hüte dich vor der unheilbringenden Versuchung dieses Tales!...‹

Lebendiger meditierte ich. Glutvoll betete ich um Befreiung aus den Fallstricken dieses Tales. Nach einigen Monaten hatte die Welt der Sinne keine Versuchung mehr für mich. Langsam entsank das Erste Tal meinem Bewußtsein, wie das Gerippe des Beutetiers den Fängen des Adlers...

Ich betrat das *Zweite Tal*. Hier wurde ich nicht mehr bis zur Besessenheit von der stofflichen Pracht des Gesehenen gepackt. Das Licht, welches die Welt einhüllte, war jetzt feiner, zarter und beruhigender. Hier fühlte ich mich glücklich. Teile von schönen Formen, schö-

nen Schattierungen, schönen Klängen verfolgten mich
sachte. Ich faßte den Entschluß, meine Meditation zu
entspannen und hier zu verweilen. Aber da trat mich
die Versuchung an, Leben zu schaffen... Das
Geschlecht... Im erhabenen Schimmer dieses Zweiten
Tales erscheinen diese Dinge als Seligkeit und Macht.
Allein die Seele soll dieser Versuchung widerstehen.
Mein Bewußtsein mühte sich, den Ansturm dieser
Schönheit zurückzuschlagen... Das Feuer der
Erleuchtung war zuerst kaum ein Glimmen. Nach und
nach bekam es mehr Glanz. Nach einigen Tagen
erschienen schon Schwertklingen von Licht. Und diese
heißen Flammen verzehrten das Zweite Tal...
So erreichte ich das dritte Wegstück. In diesem *Dritten
Tal* fand sich das Machtbewußtsein des Zweiten Tales
verhundertfacht. Mir war es, als könnte ich die Sonne
zwischen meinen flachen Händen zu einem Häuflein
brennender Asche zerdrücken. Dieser Versuchung
muß man Widerstand leisten: Sie ist der Prüfstein des
Charakters. Keine Versuchung ist so häßlich wie jenes
Machtgefühl... Ich entfachte das Feuer meiner Meditation... Wie die Kiefer einer Giftschlange hielt mich
jene Wahnidee immer noch gepackt. Allein meine
Seele wollte ihr nicht erliegen. Ich erhob mich höher,
noch höher auf den Schwingen der Meditation... Und
die Schlange tat den Rachen auf und löste sich von
meiner Flanke.
Wie ein Elefant, der durch eine Hürde bricht, stürzte
ich mich da in das *Vierte Tal: ins Licht vom Herzen*

Gottes . . . Als wäre meine Seele eine Fackel, an Gottes Flamme entzündet, rieselte Licht von ihr auf alle Dinge. Steine und Sterne sangen mit gleicher Inbrunst das Hohe Lied vom Unsagbaren. In diesem Vierten Tale fühlte ich mich fast jeglicher Versuchung entrückt. Dennoch blieb ich sehr auf meiner Hut. Ich beschloß, hier nicht zu verweilen . . . Die Folgezeit verbrachte ich mit Fasten, Gebet und Meditation . . .

Ich brauchte nicht lange zu harren. Das Licht meines Herzens verbreitete sich. In weitem Umkreise spannte es gleichsam ein Netz von Sonne aus . . . Und damit hatte ich das *Tal des Ausdrucks* erreicht! Meine Gefühle und meine Gedanken, jede Zelle meines Wesens, jeder meiner Pulsschläge waren durchleuchtet. Meiner Kehle entströmten Worte freudigen Staunens und Segenssprüche. Unablässig pries ich den Herrn. Und sprach mir jemand von Genießen und Besitzen, trafen mich seine Worte wie Rutenstreiche. Das ging so weit, daß, als eines Tages ein Verwandter in Fragen des Familienbesitzes meinen Rat verlangte, ich entfloh und mich im Haine *Panchavati* verbarg. Die Freunde, die meiner habhaft zu werden suchten, kamen mir vor wie Brunnenschächte, in die man mich bei den Füßen hineinzerren wollte. Nur nicht in düsterem Schacht ersticken! . . . Nur indem ich sie verließ, konnte ich Frieden finden. Kurz, dieses Tal ist nicht eben reich an Duldsamkeit und Liebe zu allen. Man muß darüber hinaus . . .

. . . So stürzte ich mich in verwegenere Meditatio-

nen . . . In meinen Gebeten glich ich dem sprungberei-
ten Tiger . . . Mit einem Male erblickte ich eine Form vor
mir. Ich sprang darauf los . . . Mit einem Satze war ich
im *Sechsten Tale*, im Tale *Turiya*. Dort war ich ganz nahe
beim Inniggeliebten. Ich konnte ihn im Nebenraume
sehen und hören. Nur eine dünne, durchscheinende
Wand trennte die Seele vom Selbst . . . Endlich wußte
ich mich im Hause der Einheit . . .

Vom Sechsten Tale gelangt man unschwer in das *Sie-*
bente. Hier hat kein Wort Zutritt noch das Geschwätz
des menschlichen Denkens. Bloß die in Schweigen
gekleidete Seele darf den Schleier heben, der noch
hindert, Ihn, ja, Ihn zu umfangen . . .«

Glossar

Advaita	Nicht-Dualität, eine Richtung der *Vedanta*-Philosophie, welche die Einheit von Gott, Seele und Universum lehrt
Arjuna	Held des *Mahabharata*, Freund *Krishnas*
Atman	Höchste Seele, eins mit der individuellen Seele
Avatara	Inkarnation Gottes, Menschwerdung, vergleichbar etwa der »Fleischwerdung« Gottes in Jesus Christus
Bhagavatam	Heiliges Hindu-Buch, befaßt sich mit dem Leben *Krishnas*
Bhakti	Liebe zu Gott, Frömmigkeit
Bharata	Erster mythischer König Indiens
Bhoga	Sinneslust
Brahmajnana	Höchstes Wissen um Gotteserkenntnis
Brahmane	Mitglied der Priesterkaste (höchste Kaste der Gesellschaftsordnung Indiens)
Brahmos	Mitglieder der theistischen Organisation Brahmo Samaj, gegründet von Raja Rammohan
Chaitanya	Spirituelles Bewußtsein; auch Name eines 1485 geborenen Heiligen

Durga	Name der Göttlichen Mutter
Gita	Bhagavad Gita, Hindu-Schrift, Teil des *Mahabharata* (berühmtes Hindu-Epos)
Gopis	Gespielinnen und Verehrerinnen *Krishnas*
Hanuman	Affenkönig, Anhänger *Ramas*
Hari	Name *Vishnus* (s. Krishna)
Jagannath	Name *Vishnus*, Herr des Universums
Japam	Wiederholung des Namen Gottes
Jiva	Lebendiges Selbst, die verkörperte Seele
Jivanmukta	Einer, der noch in diesem Körper von *Maya* (Illusion der Sinneswelt) befreit ist
Jnana	Gotteserkenntnis, durch die man seine Identität mit *Brahman* (Höchste Wirklichkeit) erfährt
Jnanan Yoga	Pfad der Erkenntnis
Jnani	Einer, der den Pfad der Erkenntnis beschreitet
Kali Yuga	Die Hindu-Mythologie teilt die Weltdauer in vier Weltzyklen *(Yugas)* ein: *Satya, Treta, Dwapara* und *Kali. Satya* stand als Weisheit am Anfang, es ist das Goldene Zeitalter. In der Folgezeit nimmt die Weisheit ab. Gegenwärtig sollen wir uns im *Kali*-Zeital-

ter befinden, in dem ein Minimum an Tugend und ein Maximum an Laster erreicht wird. *Kali* ist die Göttliche Mutter, welche oft mit zwei zerstörerischen und zwei wohltätigen Armen dargestellt wird.

Karma   Ergebnis der guten wie schlechten Handlungen

Karma Yoga   Gotteserkenntnis durch Verzicht auf Lohn der Taten und selbstloses Handeln

Krishna   Inkarnation *Vishnus* (zweite Gottheit der Hindu-Trinität *Brahma-Vishnu-Shiva*)

Kundalini   Nach der tantrischen Lehre gibt es sechs Körperzentren, durch welche die spirituelle Energie fließt: *Muladhara*, *Svadhishtahana*, *Manipura*, *Anahata*, *Vishuddha* und *Ajna*. *Kundalini* nun steigt vom unteren Ende der Wirbelsäule bis zum Scheitel. Sie hat als »Schlangenkraft« ihren Sitz im *Muladhara*, welches zwischen dem Geschlechtsorgan und dem After sitzt. Die Zentren werden auch als Lotusse bezeichnet. Im Scheitel des Kopfes befindet sich *Sahasrara*, der tausendblättrige Lotus, der Sitz *Shivas*. Er ist das höchste Ziel, und hier manife-

	stiert sich die erwachte spirituelle Energie in voller Kraft.
Lila	Das Relative, Gegensatz zu *Nitya*, dem Absoluten
M	Mahendranath Gupta, Verfasser des Buches »The Gospel of Ramakrishna«
Mahabharata	Berühmtes Hindu-Epos (400 v. – 400 n. Chr.)
Mahanirvana	Standardwerk der *Tantras*
Mahatma	Wörtl. »Große Seele«, Titel von Asketen, daher später Beiname Gandhis
Maya	Illusion der Sinneswelt, Begriff des *Vedanta* (systematisierte Grundgedanken der *Veden*, der Offenbarungsschrift der Hindus, bestehend aus dem *Rig-Veda*, dem *Sama-Veda*, dem *Yayur-Veda* und dem *Artharvar-Veda*)
Narayana	Name *Vishnus*
Narendra Nath	Eigentl. Narendranâth Datta, Lieblingsschüler Ramakrishnas, erhielt später den Namen Vivekananda (1862–1902), Gründer der Ramakrishna-Mission zur Verbreitung seiner Ideen in Indien und Amerika
Nirvikal-pasamadhi	Höchster Trancezustand, in dem die völlige Einheit mit *Brahman* erfahren wird.

OM	(sprich: AUM), heiligstes Wort der *Veden*, etwa vergleichbar mit dem jüdisch-christlichen AMEN
Panchavati	Gruppe von fünf heiligen Bäumen, von Ramakrishna für spirituelle Übungen in Dakshineswar gepflanzt
Pandit	Gelehrter
Paramatman	Die höchste Seele
Parvat	Gemahlin *Shivas*, Inkarnation der Göttlichen Mutter
Prahlada	Großer Verehrer *Vishnus*
Prakriti	Urmaterie des Universums
Prana	Lebenskraft, Lebensatem
Puja	Ritueller Gottesdienst
Puranas	Hindu-Mythologie-Bücher wie das *Ramayana* und das *Mahabharata*
Purusha	Urmensch, Prinzip des individuellen Bewußtseins, Universum entsteht aus der Vereinigung von *Prakriti* (Urmaterie) mit *Purusha*
Radha	Gefährtin *Krishnas*
Radhakanta	Einer der Namen *Krishnas*
Rama	Held des Hindu-Epos *Ramayana*, göttliche Inkarnation
Ramayana	Hindu-Epos
Rishi	Seher der Weisheit
Sadhu	Heiliger
Samadhi	Ekstase, Trance

Satchidananda	Sein-Wissen-Seligkeit; Bezeichnung für *Brahman*, die Letzte Wirklichkeit, das Absolute
Shakti	Schöpfungskraft *Brahmans*, Name der Göttlichen Mutter, nach tantrischer Lehre auch Prinzip alles Weiblichen
Shanti	Frieden
Shiva	Dritte Gestalt der Hindu-Trinität; Gott der Zerstörung. Nach tantrischer Auffassung Prinzip des Männlichen, zusammen mit *Shakti* entstanden aus dem Selbst, Grund alles Organischen
Tantra	Religiöse Philosophie, momentan im Westen auf Grund seiner sexuell-erotischen Komponente sehr aktuell
Totapuri	Hindu-Mönch, der Ramakrishna im Leben der Mönche unterwies
Turiya	Bezeichnung für das Transzendenta *Brahman*, das hinter den drei Zuständen von Wachsein, Träumen und Tiefschlaf steht und sie dennoch durchdringt
Upanishaden	Religionsphilosophische Dialoge (800–500 v. Chr.), enthalten die vedische Philosophie; es gibt 108 Upanishaden, darunter 11 Hauptupanishaden
Vaishanavas	Anhänger *Vishnus*

Vedanta	Systematische Quintessenz der *Veden*
Veden	Heiligste Hinduschrift, Sanskrit-Hymnen (1500–1000 v Chr.), s. auch *Maya*
Virat	Das Universum als Manifestation *Brahmans*
Vivekananda	s. *Narendra Nath*
Yoga	Vereinigung der Individual- mit der Universalseele. Auch Methode der Vereinigung
Yogi	Ein Yoga Ausübender

Bibliographische Notiz

Die Kapitel »Botschaft der Hoffnung«, »Gebete«, »Bhakti« und »Jnana« sind enthalten in dem Werk »So spricht Ramakrishna«, hrsg. v. Fritz Werle und Dr. Ursula von Mangoldt, München-Planegg, 1953

Die »Anweisungen für Familienväter« wie »Gottberauschter Zustand« finden sich in »Das Vermächtnis«, Bern und München 1981, aus dem Englischen von Kurt Friedrich. An dieses Buch lehnen sich auch viele Worterklärungen im Glossar.

Die »Begegnung mit Vivekananda« entstammt dem Buch »Ramakrishna, Leben-Gleichnis-Wort«, Weilheim/Obb. 1963, übertragen von Ursula von Mangoldt.

»Praktischer Vedanta« entstammt dem Werk Swami Vivekanandas »Jnana Yoga«, ins Deutsche übertragen von Dr. Fritz Rose, Stuttgart/Heilbronn 1923

Die beiden Aufsätze von Romain Rolland finden sich in »Der Götter-Mensch Ramakrishna und das universale Evangelium des Vivekananda«, Bd. 1, »Das Leben des Ramakrishna«, Erlenbach-Zürich, Leipzig, 1929, übertragen von Dr. Paul Amann
Neuauflage: Edition Rotapfel im Verlag Rolf Kugler, Oberwil bei Zug, 1986

AUSGEWÄHLTE TEXTE

8436

8434

8438

8432

8431

8435

6577

8433

8437

GOLDMANN